U0823371

动态公交：创新与实践

张革初 主 编
廖清华 詹 宸 朱永扬 王沛章 副主编

中国财经出版传媒集团
中国财政经济出版社

图书在版编目（CIP）数据

动态公交：创新与实践 / 张革初主编 . -- 北京 ：
中国财政经济出版社，2023.11
ISBN 978-7-5223-2481-4

Ⅰ. ①动… Ⅱ. ①张… Ⅲ. ①城市交通系统—公共交通系统—交通规划—研究—中国 Ⅳ. ① U491.1

中国国家版本馆 CIP 数据核字（2023）第 173410 号

责任编辑：孙 琛　　责任印制：党 辉
责任校对：张 凡　　责任设计：陈宇琰

中国财政经济出版社 出版
URL：http：//www.cfeph.cn
E-mail：cfeph @cfemg.cn
（版权所有 翻印必究）
社址：北京市海淀区阜成路甲 28 号 邮政编码：100142
营销中心电话：010-88191522
天猫网店：中国财政经济出版社旗舰店
网址：https：//zgczjjcbs.tmall.com
北京中兴印刷有限公司印刷 各地新华书店经销
成品尺寸：170mm × 240mm 16 开 16 印张 214 000 字
2023 年 11 月第 1 版 2023 年 11 月北京第 1 次印刷
定价：78.00 元
ISBN 978-7-5223-2481-4
（图书出现印装问题，本社负责调换，电话：010-88190548）
本社质量投诉电话：010-88190744
打击盗版举报热线：010-88191661 QQ：2242791300

前言

PREFACE

1819年，法国巴黎街头出现了为公众租乘服务的公共马车，这一事件建立了城市公共交通的里程碑。第一个提出用当时只有贵族才可以享用的马车给普通市民提供公共租乘服务的人完全没有想到，他开启了一个持久蓬勃发展的城市出行服务新时代，开创了城市公交服务的新纪元，城市公交服务从此诞生并不断优化发展。在此后近200年的时间内，城市公共交通伴随城市发展的步伐，从欧洲到美洲，从美洲到亚洲，开始在不同大陆的不同城市承载着所有市民交通出行的梦想，履行了作为城市基础设施的基本职能，为完善城市功能、推动城市发展，发挥着不可替代的重要作用。

城市地面公交的发展与提升，高度依赖着城市规模及城市功能的发展。简而言之，城市地面公交目前是按照以下几个路径进行演进发展的：一是城市地面交通的工具演进，首先是从巴黎开始的马车，发展为汽车，无轨电车和有轨电车，再到今天的纯电动公交车；二是城市地面交通的规模演进，规模化是任何一个行业或产品发展的必经阶段，城市公交服务出现后，能够验证这种服务模式是城市必不可少的，其服务逻辑与产品逻辑是城市公交随着城市发展得以扩大规模，实践证明，城市的不断发展确实推动了城市公交的长足发展与规模的扩大；三是城市公交运营组织模式的演进，最初的城市公交比较常见的形态是由个体经营者开展运营，后来随着规模的扩大，出现了公交运营的公司化组织模式，公司化较好地解决了城市公交规模经济性的问题；四是公交运营模式的科学化，后来出现通过公司化开展公交运营的模式，并一直沿袭至今。

综观城市地面公交的实践与发展，城市地面公交的提升与演进主要体现在车辆的更新、固定线路走向的优化，以及公交站点设置的布局、公交站点建设方面。当然，此前受制于公交服务提供者与公交服务消费者之间信息的非对称性，以及供给与需求无法通过技术手段进行高效匹配的问题，地面公交通过原生性的运营方式，采取固定线路、固定站点和基本固定时间间隔的方式开展公交运营。这种模式将确定信息通过公交站牌及运营服务的方式传达给服务对象，发挥聚客与规律性运营的效果。在互联网未诞生以及移动互联网不发达的情况下，这是一种较好的模式，但是在新技术不断涌现、出行服务方式不断增多的情况下，依然采取固定站点、固定线路、固定时间和实体线路牌的方式将服务信息触达服务对象，显然已经落后于互联网时代。

因此，在移动互联网、大数据及物联网技术比较成熟的条件下，地面公共交通传统的运营组织模式必须进行创新，创新由两个层面组成：一是通过移动互联网技术，将传统公交的固定站点、线路及运行时间等静态和实时信息推送给需要公交服务的乘客；二是综合利用移动互联网和大数据技术，将乘客的出行需求及可以提供的地面公交服务通过算法技术进行时间、空间的高效匹配，用基于需求而运营的定制公交和动态公交模式，创造基于需求的响应式公交模式，更高效、便捷地解决市民出行问题。

今天，我们就依托移动互联网、大数据技术进行动态公交的实践与思考，在城市规模不断扩张，城市区域人口密度持续下降的情况下，人们的出行需求在空间和时间上呈现不断离散的状态，很难形成时间与空间维度上的客流走廊，也就是我们依据某种技术将客流聚集在一起的公交线路，特别是在中小城市更是如此。在超大城市的城市组团之间的通勤出行已经被地铁覆盖，在地铁没有覆盖的区域，市民出行又呈现越来越离散的趋势。因此，城市发展与市民出行特征需要积极探索动态公交。我们从2018年开始在深圳试运营，后来在江西、浙江等地开展动态公交运营，得到了当地市民和交通运营单位及交通主管部门的高度认可。2021年、2022年拓展的宁海、平阳等地的动态公交，被当地追捧为网红公交，受到政府和市民的喜爱和认可。在不断优化中完善了运营体系与运营模式，基本形成动态公交运营规范，将动态公交逐步打造成新型公交服务品种，为市民提供了“预约出行、随需而至”的门到门高品质出行服务，成为当地市民出行的首选。在实践与不断探索的基础上，我们将动态公交发展的理论与实践奉献给读者，希望在新公交探索与前行的路上有您的一份力量。

目录

CONTENTS

第一章

城市公共交通特征分析

第一节　城市公共交通的定义

城市公共交通是城市中供公众乘用的、经济方便的各种交通方式的总称。它是由公共汽车、电车、轨道交通、出租汽车、轮渡等交通方式组成的公共客运交通系统，是重要的城市基础设施，是关系国计民生的社会公益事业。按照核定的线路、站点、时间、票价运营，为公众提供基本出行服务的活动。随着互联网技术的发展以及市民对出行服务和质量的更高要求，新型出行方式的如“网约车”“顺风车”“共享单车”，以及滴滴优点推出的新公交模式“定制公交”“动态公交”也应运而生，深刻影响着大众的出行方式，成为城市公共交通的组成方式之一。优先发展公共交通是降低能源消耗、减轻环境污染、减少占地、方便居民出行的重要途径。

接下来将分别从发展概况、结构特点、类型方面对城市公共交通做阐述。

一、城市公共交通的发展概况

1819年，巴黎街头出现了为公众租乘服务的公共马车，建立了城市公共交通的里程碑。1870年，伦敦出现了轨道马车。世界上第一条以蒸汽为动力的地下铁道于1863年在伦敦建成通车。百余年来，工业发展为城市提供的交通工具和技术装备不断更新，加速了城市公共交通现代化的进程，性能落后的交通工具逐渐被淘汰。公共马车和轨道马车先后被有轨电车、无轨电车和公共汽车取代。以蒸汽为动力的地下铁道被电气化地下铁道代替。此后，公共汽车在城市公共交通结构中逐步发展成为主体。

20世纪50年代，有轨电车在一些国家发展缓慢，在美国和日本的一些城市中甚至拆除停驶。但是由于有轨电车仍具有一定的优点和使用价值，因此在中国及欧洲一些国家，仍适当地保留它在城市公共交通中的地位。第二次世界大战以后，比利时和联邦德国先后对旧式有轨电车逐步进行了技术改造，使它变成速度快、载量大、安全舒适的快速有轨电车。

60年代以来，大城市的交通量迅速上升，地面交通矛盾日益严重，从而促进了地下铁道的建设和发展。80年代初期，世界上约有60个城市建有地下铁道或快速有轨电车线路，营业线路总长度共3280公里，其中地下线路总长度为2080公里，年客运量约150亿人次。

80年代初期，在有些国家的大城市中，已建成由多种交通工具综合配套，地面、地下和高架线路多层结构，干线交通与支线交通相互衔接，比较完善的城市公共交通体系。

1949年以来，中国城市公共交通事业发展迅速。客运量平均年增长率约为8%。1983年客运量已经超过200亿人次。为了发展城市公共交通，中国于70年代后期在几个主要城市设立了公共交通研究单位，从事城市公共交通方针政策、技术方案和发展规划等方面的研究。

对城市公共交通的研究工作早已引起人们的重视和兴趣。1885年在布鲁塞尔成立了国际轨道运输联合会，1939年改称国际公共运输联合会（UITP），专门从事公共交通事业中的技术、经济、管理等方面的研究，定期交流经验。到了80年代初，它已拥有近60个会员国。

二、城市公共交通的结构特点

世界各国城市公共交通事业的发展进程，受本国经济和科学技术水平的影响，差异较大，而且由于城市所在的地理环境和政治经济地位不同，城市公共交通结构也各具特色。在城市公共交通结构中一般主要包括公共汽车、无轨电车、有轨电车、快速有轨电车、地下铁道和出租汽车等客运营业系统。随着城市的发展，铁路市郊旅客运输也成为重要组成部分。此外，在一些有河湖流经的城市，公共交通系统中还包括有轮渡。在山区城市中，索道和缆车的运输也有所发展。磁悬浮客运交通以及无人驾驶的出租客车系统正处于试用阶段。

中小城市中一般以公共汽车、有轨电车、无轨电车等为主要客运工具，其特点是灵活机动、成本相对较低，一般是城市公共交通的主体。

快速大运量公共交通系统，包括地铁、轻轨、高速铁路，可以快速运载大批量乘客，出现在我国一些特大城市，如上海、北京、广州、武汉等。它运量大、速度快、可靠性高，并可促进城市土地开发及商业经济带的形成，但造价很高，一般作为城市公共交通的骨架。

辅助公共交通系统包括出租汽车、三轮车、摩托车、自行车，以满足乘客不同的出行要求，在城市公共交通中起着辅助和补充的作用。

特殊公共交通系统包括轮渡、缆车等，该类公共交通受到地理条件的约束，一般在特殊条件下使用。

在现代大城市中，快速有轨电车、地下铁道等系统逐渐发展成为城市交通的骨干。公共交通工具有载量大、运送效率高、能源消耗低、相对污染小和运输成本低等优点，在交通干线上这些优点尤其明显。在中国的一些城市中，有些机关团体的自备客车参与了本单位职工上下班的接送运输，它在客观上已经成为城市公共交通中的一支辅助力量。

三、城市公共交通的类型

1. 公共自行车

我国最早实行公共自行车的城市是杭州，杭州融鼎科技在2008年5月1日，率先运行公共自行车租赁系统，将自行车纳入公共交通领域，意图让慢行交通与公共交通“无缝对接”，破解交通末端“最后一公里”难题。随后在“共享”经济模式刺激下，一时间摩拜单车、ofo共享单车、小鸣单车、小蓝单车等各品牌共享单车运营商如雨后春笋般涌现。

2. 公共汽车

公共汽车是城市公共交通系统中的主要交通工具，在一般的道路条件下，可以四通八达。小型公共汽车可在狭窄街区中开辟营业线路，乘用极为方便。发展公共汽车客运交通，设施简易，投资少，见效快。公共汽车在行驶中与其他车辆混行，互相避让和紧急制动是难免的，因此，安全性和舒适性较差。它的其他缺点是能源消耗量大、噪声高并且有废气污染。

3.无轨电车

无轨电车从架空触线上获取电能驱动行驶。由于电能可以从煤、重油、水力、天然气、核能、地热等多种能源转换而来，因此，在石油资源不足的国家和地区，以无轨电车为主要公共交通工具有明显的优点。无轨电车的客运能力和公共汽车属同一等级。无轨电车加速性能好、噪声小，而且没有废气污染，乘用时比较舒适。无轨电车通常不能离开架空触线行驶，机动性比公共汽车差。在开辟新线路时，要建设变配电系统和线网设施，因此建设费用较高，投资见效慢，而且架空触线影响市容。无轨电车通常无专用车道，在行驶中也难免避让和紧急制动。为了提高无轨电车的机动性，一种双能源的无轨电车已经问世。它在通过十字路口或不允许架设架空触线的路段时，可改用内燃机或使用本车自带的蓄电池组供电驱动行驶。双能源无轨电车的集电杆可由驾驶员操作脱离或自动捕捉架空触线。

4.有轨电车

有轨电车在轻便轨道上行驶，它的优点是能源消耗低、结构简单、坚固耐用，其客运能力略高于无轨电车。旧式有轨电车噪声高、振动大、舒适性较差，轨道需要经常维护，在一定程度上影响交通。在开辟新线路时，它比无轨电车的线路投资大、工期长，投资见效慢。

5.快速有轨电车

快速有轨电车与其他车辆隔离运行，多在地面轨道上行驶。在经过交叉路口时，多采用立体交叉方式。在繁华市区可转入地下运行，也可以在高架线路上通过，建设费用低于地下铁道。快速有轨电车利用可控硅斩波调速，设有再生制动装置，可以节约能源；装有空气悬挂装置和弹性车轮等，在长轨铁道上行驶，可降低噪声，提高乘坐舒适性。它具有良好的加速性能，运行速度高，行驶平稳、安全、可靠，运行准点程度可达秒级精度。快速有轨电车以单车或车组方式运行，客运能力高，是城市公共交通干线上较理想的客运工具。

6. 地下铁道

地下铁道大部分线路铺设在地面以下，运行中几乎不受外界环境变化的影响，而且有一定的抗战争和抗地震破坏的能力。它以车组方式运行，载量大，正点率高，安全舒适。在多条地下铁道的立体交叉点上，设有楼梯式电梯或垂直电梯，换乘极为方便。地下铁道的地面出入口，可以建设在最繁华的街区，也可以建设在大型百货商店或其他公共场所的建筑物内。在交通拥挤、行人密集、道路又难以扩建的街区，地下铁道完全可以代替地面交通工具承担客运任务，并为把地面道路改造成环境优美的步行街区创造了条件。

四、城市公共交通的经营管理

城市公共交通企业属公益性企业。经营管理的基本方针是为公众出行服务，其经济效果主要见诸社会收益，而不是单纯着眼于企业自身的盈利。企业发生的政策性亏损，一般由政府给予补贴。衡量城市公共交通企业经营管理水平的标准，首先是对公众出行的安全、方便、及时、经济、舒适等要求的满足程度，其次是企业的经济效益。

经营公共交通事业的企业，有国营、私营和联合经营三种。为了协调各公共交通系统的服务工作，在大中型城市中一般设立公共交通企业联合会或类似的管理机构。它们的任务是：制定统一的公共交通网络规划；协调各个公共交通企业之间的经营范围；协调和监督执行统一的行车时刻表；制定统一的票价政策和票价制度等。

城市公共交通的运营方式通常有三种：

（1）定线定站服务：车辆按固定线路运行，沿线设有固定的站位，行车班次和行车时刻表完全按调度计划执行。在线路上行驶的车辆有全程车、区间车，有慢（各站均停）车，也有快（重点站停）车。

（2）定线不定站服务：车辆按固定线路运营服务。乘客可以在沿线任意地点要求停车上下，乘用非常方便。在线路上运行车辆的数量，根据客流变化情况自动调节。广州、北京的小型公共汽车，香港的“小巴”和马尼拉的“吉普尼”都属于这种运营方式。

（3）不定线不定站服务：即出租汽车运营方式。一般是24小时营业制，乘客可以电话要车或预约订车，也可以到营业点租乘或在街道上招手乘车。

20世纪90年代以来，电子技术在城市公共交通企业经营管理工作中逐步得到了推广应用。电子技术已经能够为公共交通企业自动采集、整理和储存在经营管理方面所需要的各种技术数据，优选网络，编制运营计划和运行时刻表，对运行系统实现集中监测和调度，向乘客提供交通咨询服务，自动售票、检票，自动显示下一班车的到站时间和载客数量，以方便乘客候车等，从而提高了城市公共交通企业的运营服务质量和经济效益。

第二节　城市公共交通现状分析

随着我国社会经济的不断发展和城市化进程的加快，我国的交通事业有了突飞猛进的发展，城市交通管理和道路基础设施有了很大的改进，而城市交通的发展却跟不上城市社会经济发展的步伐。随着机动车保有量的迅猛增长，交通需求与道路建设之间的矛盾日益突出，主要表现为规划水平低、容量不足、运营结构不合理等问题，远不能满足国民经济快速发展的需要，成为制约国民经济和社会发展的“瓶颈”。

一、我国公共交通的发展策略

1.强化政府对公交行业的监管力度

政府要尽快制定符合公共交通管理实际状况的法规、政策，并进一步完善城市公共交通车辆、站场等技术标准体系；成立公交行业管理机构，依法统一管理公共交通行业，强化政府监管力度，实现公共交通资源的合理配置；通过加强对城市公共交通客运市场的宏观调控和统一监管，强化对公交基础设施的建议、服务质量等方面的管理，维护公共交通客运市场秩序，保障合法经营者的权益，促进服务水平提高。

2.积极稳妥地推进行业改革

按照“打破垄断、适度竞争、规范服务、便利于民”的原则，实行城市公共交通特许经营制度，严格市场准入，形成国有主导、多方参与、规模经营、有序竞争的格局。要大力扶持公共交通骨干企业的发展，在产权明晰的基础上引导社会资金参与国有公共交通企业改革和重组。优化企业的资本结构，实现投资主体多元化、经营管理市场化、发展建设集约化，使城市公共交通企业真正成为自主经营、自我发展、自我约束、自我完善的市场主体。

3.合理优化公共交通运营结构

城市公共交通在稳步增加线路、延长营运里程、扩大站点覆盖面的基础上，要大力发展公共汽车，优化线网结构和运力配置。公交线路和停靠站点要向居住小区、商业区、工业园区、学校园区等城市功能区延伸。适度发展大运量快速公共交通系统，重点旅游和交通枢纽城市应根据城市发展的规模和功能布局，逐步改变单一地面交通和以常规公共汽车交通形式为主的局面。

4.加强公共交通基础设施建设

按照公共交通规划要求，政府要将公共交通场站和配套设施纳入城市旧城改造和新城建设计划。在城市主要交通干道，必须按强制性标准建设港湾式停车站，配套建设站台、候车厅等设施。机场、火车站、长途汽车站、客运码头、居住小区、开发区、大型公共活动场所等重大建设项目，要将公共交通场站建设作为项目的配套设施同步设计、同步建设、同步竣工、同步交付使用。对未按规定配套建设公交场站等公共交通设施的建设项目一律不予审批，不予验收。

5.保障公共交通道路优先使用权

行政主管部门与公安交通管理部门要密切配合，合理设置公共交通优先车道、专用车道、路口专用线、单向优先专用线等，提高公共交通车量运营速度和道路资源利用率。建立城市公共交通专用车道的监控系统，对占用城市公共交通专用道的车辆要严格执法，提高城市公共交通车辆的运行速度和准点率。

6.进一步加大政策扶持力度

要科学合理地核定票价。确定票价时，既要考虑企业经营成本，又要考虑群众的承受能力。加大财政支持力度，城市人民政府要对轨道交通、综合换乘枢纽、场站建设以及车辆和设施装备的配置、更新给予必要的资金和政策扶持。城市公用事业附加费、基础设施配套费等政府性基金要用于城市交通建设，并向公共交通倾斜。实行经济补贴、补偿政策。建立规范的成本费用评价制度和政策性亏损评估制度，对公共交通企业的成本和费用进行年度审计与评价，合理界定和计算政策性亏损，并给予适当补贴。对公共交通企业承担社会福利（包括老年人、残疾人、军人免费乘车，学生和成人持月票乘车等）和完成政府指令性任务所增加的支出，定期进行专项经济补偿。优先安排建设用地。城市公共交通规划确定的停车场、保养场、首末站、调度中心、换乘枢纽等设施，其用地符合《划拨用地目录》的，可以用划拨方式供地，不得随意挤占公共交通场站等设施用地或随意改变土地用途。

二、“十三五”期间我国公共交通数据分析

2020年年末，全国城市公共汽电车运营线路70643条，比上年末增加4913条，运营线路总长度148.21万公里，增加14.60万公里。分方式看，公交专用车道16551.6公里，增加1599.9公里；城市轨道交通运营线路226条，

增加36条，运营里程7354.7公里，增加1182.5公里，其中地铁线路189条、6595.1公里，轻轨线路6条、217.6公里；城市客运轮渡运营航线83条，减少5条，运营航线总长度323.4公里，减少74.5公里。

2020年完成城市客运量871.92亿人，比上年下降31.8%（见图1–1）。分方式看，公共汽电车客运量442.36亿人、运营里程302.79亿公里，分别下降36.1%和14.5%；轨道交通客运量175.90亿人，下降26.3%；巡游出租汽车客运量253.27亿人，下降27.2%；客运轮渡客运量0.39亿人，下降47.1%（见图1–2）。

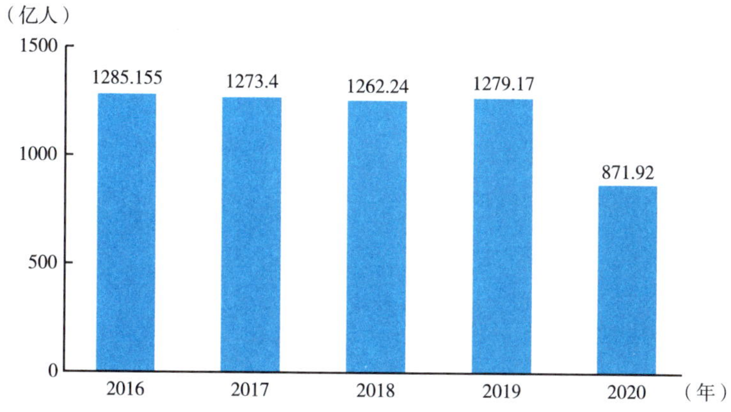

图1–1　2016—2020年全国城市客运量

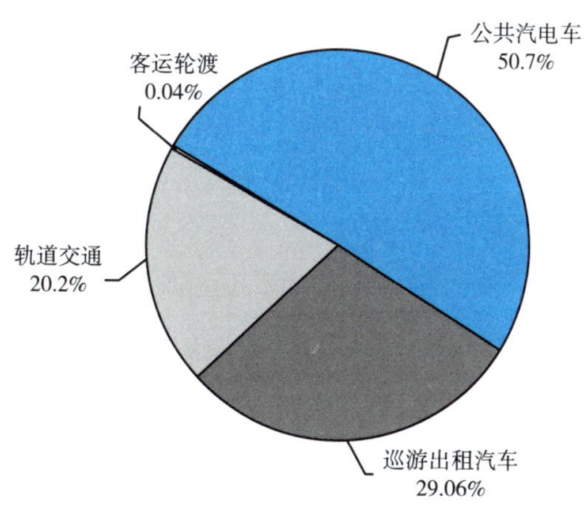

图1–2　2020年全国城市客运量分运输方式构成

三、城市公共交通存在的主要问题

1. 城市公共交通的分担率低

目前，在一些大城市中尽管实施了一系列公交优化的政策，公交的运输量也处于上升趋势，但是公共交通的出行比例仍然很低。一些城市公交不但没有成为城市客运交通主体，而且公交的比例还呈下降的趋势。

2. 公交服务水平低

公交速度慢，乘车换乘不方便，路线不合理，密度低，甚至有些地方存在公交盲区。改革开放以来，我国大城市道路面积有了大幅度提高，但仍远远落后于交通量的增长速度。

3. 公交服务水平差

公共交通低水准的服务质量常成为乘客投诉与媒体曝光的对象，直接影响其承担的客运比例。公共交通低水准的服务质量常常表现为乘坐公交车耗时太长、舒适性差、安全事故多、公交乘务人员服务质量差。

4. 公交基础设施缺乏统一规划

城市公共交通线网构成主要以公交枢纽站为依托，实现点与点的连接。由于我国城市公共交通基础设施薄弱，缺乏统一规划，特别是在旧城市改造和新区开发时没有把公交设施配套纳入统一规划，给交通营运、管理和居民出行带来不便。

5. 公共交通网络规划不合理

“发展公共交通”与“保持主要道路通畅”是城市交通工作者的两大目标。但是近年来，随着我国城市公共交通的发展，公共车辆的投放量日益加大，乘车难的矛盾有所缓解，行车难的矛盾却日益突出，特别是大巴列车化、中小巴频繁靠停，形成动态瓶颈，严重影响了主要道路的交通秩序。

四、城市公共交通的发展趋势

目前，我国由交通大国向交通强国转变，未来我国公共交通行业的发展将有以下三个趋势。

1. 交通能源动力系统的电动化、高效化和清洁化

从2016年开始，很多国家都在呼吁要把石化能源的车辆停产，并制定了时间表。对于我国来讲，也是未来的一个趋势。对于公交来说，新能源是重点推广的领域，至2017年年底，交通运输已经完成了“十三五”既定目标。未来公交电动后会带来一系列的变化，如能源供应体系、运营组织体系、维修保养体系、安全保障体系、载运环境体系等方面的变化。

2. 交通运输系统集成的智能化、网联化和协同化

首先是公交企业运营生产组织的智能化、协同化，基于AI的多因素智能排班，人、车、客流、路况、气象等。其次是人车路的网联化、智能化、协同化，目前车辆与后台是通过后台来指挥调度。未来车与车、车与站、车与路、车与乘客、车与驾驶员之间等都能实现信息的互联互通。另外公交基础设施也会更加智能化、精准化、协同化，如智能场站、智能道路、BRT领域等。

3. 交通用户消费需求的体验化、共享化和综合化

未来，通过一个手机就能解决出行问题，2014年欧盟提出MaaS的理念，它旨在深刻理解出行需求，将各种交通模式全部整合在一个统一的服务体系与平台中，从而实现充分利用大数据决策，满足出行需求的大交通生态。

我国具备发展MaaS的良好基础：一是我国的互联网、移动支付在全球处于领先地位。二是我国的各种交通模式也都经历了长时间的发展，将各种交通模式整合起来就是MaaS模式。

在这过程中随需而至的“动态公交”是其先行者，能够有效将传统公交车的运力与随需直达的乘客需求通过高效融合算法+互联网技术进行匹

配，是对传统公交的定线、定点、定价模式的创新，也为MaaS出行的落地奠定了基础。

第三节　城市公共交通技术经济特征分析

城市公共交通作为城市生产的第一道工序和完全开放的社会共享资源，其经营活动具有明显的二重性，公共交通行业既是生产企业又具有公益性质。作为企业，需要独立核算并维护企业正常运转，补偿生产耗费；作为城市基础设施，又要规划线路、确定发车班次以满足乘客需求，票价调整受到政府控制。在市场经济的条件下，城市公共交通企业要以经济效益为中心，又不能以盈利为唯一目的，必须体现社会效益。

一、基建和基础性投资成本

城市公共交通相关的基建投资和基础性投资可以分为硬件和软件两大类。硬件包括城市道路规划建设，道路维修、改造等费用，车站、场站、路面交通设施建设以及加油站、充电站、维修车间等建设成本；软件主要包括智能交通管理系统、智能公共交通运营系统、车辆调度管理系统、安全管控系统等系统的投资建设。

二、运营综合成本

城市公共交通运营成本由营运成本、管理费用、财务费用和营业外支出构成。

营运成本是公交运输营运生产过程中实际发生的与营运生产直接相关的各项支出，主要包括：

（1）直接从事运营生产活动的人员工资、奖金、津贴、补贴等；

（2）职工福利费；

（3）运营过程中运营设备运用、修复、养护耗用的材料、燃料、动力和其他费用；

（4）固定资产折旧费；

（5）运营过程所发生的季节性以及修理期间的停工损失和事故性损失；

（6）国家规定的可以在成本中列支的其他费用，如办公差旅费、劳动保护支出等。

管理费用指公交运营企业行政管理部门为管理、组织运营所发生的各项费用以及其他有关管理性质的费用支出。主要包括：

（1）公交运营企业的管理人员工作、奖金、津贴、补贴等；

（2）机关办公差旅费、劳动保护费、折旧费、修理费、物资材料消耗、低值易耗品摊销及其他费用；

（3）按规定计提的职工福利费、工会经费、职工待业保险金、劳动保护费、印花税等相关税金、技术开发费、咨询费、广告费、展览费、土地使用费、土地损失补偿费等；

（4）无形资产的摊销、各种坏账损失等。

账务费用指公交企业为筹集资金所发生的各项费用。主要包括公交运营企业运营期间发生的利息支出、金融机构手续费以及筹集生产经营资金发生的其他费用。

营业外支出指与城市公交运输生产经营活动无直接关系的各项支出，主要包括：

（1）固定资产盘亏、报废、毁损和处置净损失；

（2）非常损失，指因客观原因造成的损失，在扣除保险赔偿后应计入营业外支出的净损失，包括自然灾害损失、非季节性和非修理期间发生的停工损失；

（3）公益救济捐赠、赔偿金、违约金等其他支出；

（4）按照会计制度规定计提的固定资产、无形资产和在建工程的减值准备。

城市公交的运营成本受多种因素的影响，除了最基本的人力成本、油（电）价、维修费用等因素之外，主要受运营工作量、运营服务水平、相关发展政策的影响。

运营工作量指在一定时期内公交的运营里程，是影响城市公交运营成本的一个重要因素。运营服务水平越高，成本越大。要提高运营服务水平，就要购买先进的运营工具设备，组织员工进行培训，提高司机及乘务员的综合素质，培养优秀的业务人员，这都需要投入大量的资金。相关发展政策包括城市公交的发展政策、政府对公交企业的补贴政策以及地方法律法规，例如，建设部颁发的《建设部关于优先发展城市公共交通的意见》是我国第一部全面、完整、系统地提出优先发展城市公共交通的法律文件，将公交优先发展提升至发展战略的高度，地方政府加大对公交投入的同时，还要给公交优先通行权。

三、公益性与市场计价的评估

城市公共交通是城市交通的主要载体，也是政府为居民提供的公共服务，其目标是为乘客提供安全、便捷、舒适和经济的交通服务，具有明显的公益性质，我国的公交也因此长期实行政府管制下的低票价政策。但公交企业的原材料、燃料的价格则大部分或全部实行市场调节价，近年来，随着车辆设备、燃料、轮胎、配件等价格的大幅上涨，公交企业亏损严重，政府的补贴连年增长，财政负担不断加重。因此公交企业有必要在政府指导下，引进一定的市场机制，实行多元化经营策略。公交票价的制定，应以“最大限度地吸引客流，提高公交设施利用率”为目标，重点考虑公共交通的公益性特征，同时兼顾企业的经济效益，实现公众、企业、政府的“多赢”。

城市公交的定价一般有以下几条原则：

（1）公益性原则。公交企业服务的主要对象是普通居民，也是公益性质的企业。其最重要的目标并不是盈利，而是使乘客的福利最大化，尽可能为乘客提供优质的服务。

（2）企业运营性原则。公交企业虽然具有公益性质，但也需要维持企业的正常运营。在满足公益性质的前提下，得到合理的回报，使成本得到补偿，保证公交服务质量。

（3）合理高效性原则。合理高效性原则指的是票价高低要合理，在满足广大乘客承受能力的情况下，还需要使公共交通资源得到高效合理的利用。公交定价需要综合考虑乘客、企业、政府等多方面利益。

（4）可持续发展原则。通过公交合理的定价，增加公交客运量，减少私家车出行，缓解交通堵塞，促进环境保护以及资源的合理利用。

（5）特殊人群优惠原则。对一些特殊人群（如学生、老年人、退伍军人、残疾人、为特大疫情作出贡献的医务人员等）给予一定的票价优惠。

四、城市公共交通系统的评价指标

1.建设投入水平指标

公共交通相关的基础设施建设是公交发展的基础，是公共交通发展水平的重要体现。有了良好的设施基础，才能发挥高水平的服务。

线网指标包括线网密度、非直线系数、重复系数等描述网络结构和网络规模的几项指标。公共交通的线路网密度是指每平方千米城市用地面积上有公共交通线路经过的道路中心线长度，其值的大小反映了居民接近公交线路的程度；公共交通线路的非直线系数是指公交线路首末站之间的实际距离与空间直线距离之比，反映了公交线路的曲折程度；公共交通线路重复系数是公共交通线路总长度与线路网长度之比，反映了公交线路在城市主要道路上的密集程度。这些指标能够说明公交网络结构的合理性，在一定程度上反映了乘客乘坐公交的方便性、舒适性，但对于不同的城市形态、道路网络，评判标准应有所不同。

场站建设指标包括站点覆盖率、车均停车、保养面积、车辆进场率等。公交站点覆盖率是公交站点服务面积占城市用地面积的百分比，是反映居民接近公交程度的又一重要指标；车均停车、保养面积是用停车场、保养场的总面积除以车辆保有量，车辆进场率是全市公共交通停车场所能停放车辆数与公共交通车辆总数的比例。这些指标反映出公交场站的建设规模是否与拥有车辆相匹配，以及进一步发展的余地。

车辆配置指标包括万人拥有标台数、车辆更新率、完好率、高档车拥有率等。万人拥有标台数，指在城市一定空间内每万人拥有的公交车辆标台数，是反映公交实际客运能力的一个重要指标；车辆更新率、完好率、高档车拥有率从不同的侧面反映了车辆配置状况，更新率反映了公交车辆的投入速度、完好率说明了实际运能状况，高档车拥有率则反映了车型配置情况，也从另一个侧面说明了乘坐的舒适程度。

公交优先通行措施指标包括港湾式停靠站设置比例、优先路段比例、优先路口比例，这些指标有助于考察公交优先发展战略的制定、公交优先措施的实施水平。

公交投资计划指标为年度基建投资额，反映出政府、企业对公交建设的重视程度以及公交今后的发展潜力。

2. 运营服务水平指标

公共交通运营服务水平与居民对公交的满意度息息相关，也体现出企业的运营管理水平，这是公交发展水平最直接的体现。

行车安全性通过安全行驶间隔即公共交通车辆总行驶里程与行车责任事故次数的比率（万公里/次）反映。

方便性指标包括公交出行比例、换乘系数、换乘距离、换乘站距、发车频率等公交基本运营特征指标。公交出行比例从总体上反映居民对公交的选择，换乘系数、换乘站距反映了线网布局、站点设置的合理程度，直接与乘坐方便性相关；发车频率直接反映在乘客等车时间上，发车间隔太高，会影响居民选择公交，发展水平必然降低。

迅速性通过出行时耗、公交运营速度指标反映。出行时耗为车内时间和车外时间的总和，车内时间主要和公交运营速度有关，这一指标也反映出道路条件和交通环境对公交的影响；车外时间包括到离公交站台时间、等车时间、换乘时间等方面，主要和网络布设有关。高水平的公交服务，应在缩短出行总时耗、提高运营速度上下功夫，只有在同等出行距离条件下，相较其他交通方式，能提供较为迅速的出行，才有可能吸引更多的出行者，才能提供高水平的服务。

公交的准点率也是反映公交服务的又一重要方面。行车准点性与企业调度管理、运营组织、道路条件等因素相关，准点率越高，公交发展水平越高。

舒适性主要通过高峰和平峰满载率反映。随着生活水平的提高，人们对公交出行的要求也有所提高，这就要求车厢内的拥挤不能超过一定限度。此外，从车型配置、非直线系数等方面也能反映乘坐的舒适程度。

高效性指标比较难以定量化，主要通过乘客信息获得程度、企业调度手段先进程度来反映。随着生活节奏的加快，人们对于信息的要求越来越高，随着信息技术的普及应用，可以通过乘客信息系统获得出行前、出行中的公交服务信息，有助于更好地选择决策，也将提高公交吸引力。

企业的调度手段的先进程度影响到企业运作的效率，从而影响到能够提供服务的水平。先进的技术能够带来高效的运作，因此，考察乘客信息系统的完备性和企业调度管理手段的先进程度有助于衡量公交系统服务的效率。

3.综合效益水平指标

综合效益水平试图从经济效益和社会效益两方面选取合适指标加以描述，这也是公交水平评价的重要部分。

经济效益主要体现公交企业的运营效益，通过分析车千公里成本、车千公里客运收入、运营车辆人车比等指标，全面反映企业的财务状况，衡量企业的管理效率。

公交是一项公益性事业，社会效益是衡量公交发展水平的重要方面。选取居民对公交的满意程度反映公交的社会影响力，选取出行时间节约的效益作为反映公交对社会经济效益作出的贡献，用噪声、废气排放量和振动来衡量对城市环境和生态循环的影响。公交的发展水平还包括促进国土和自然资源的开发利用、水土保持和环境保护条件的改善以及对城市政治、经济、文化古迹及风景名胜等方面的影响。相对于经济效益评价而言，社会效益评价具有长期性、多目标性、间接影响多等特点，因此评价指标很难定量化。

第二章

城市公共交通市场特征与运营模式分析

第一节 城市公共交通供给特征分析

交通的发展与社会经济等的发展是相互协调的，即社会经济的发展会产生更大的交通需求，促进交通的发展；交通的发展也为社会经济的发展提供了基础和保证，促进了社会经济的进一步发展，两者之间相互协调，具有密切关系。在交通运输的发展中，公共交通的发展占据了很大的地位。公共交通方便、舒适、快捷，是城市交通系统最重要的组成部分，是解决交通拥挤、提高交通系统整体运作效率的重要手段。公共交通需求分析是进行公共交通规划、设计、建设的基础和依据。

一、城市发展与公共交通

城市发展与公共交通聚集效益是指社会经济活动因为空间的聚集所产生的效益。城市规模一般指的是一个独立连续的城市市区面积与城市人口的关系总和。城市的聚集效益是城市发展规模的函数，在城市规模扩大的过程中随着规模的扩大发生阶段性的变化。如图2–1所示，在合理规模的左侧，随着城市规模的扩大，它所产生的聚集边际效益大于所耗费的边际成本，即产生正的聚集效益；随着城市规模的扩大，聚集边际效益呈现下降趋势，而聚集边际成本则随之上升，到达M点时二者正好相等，此时的城市规模为最佳；在合理规模的右侧聚集边际成本大于聚集边际效益产生负的聚集效应，因此超过合理规模的城市规模是聚集不经济的城市规模。可见，城市规模和城市的聚集效应值是一个区间值，城市规模不够或过度都会使城市聚集效益呈反向趋势。

城市规模与城市的交通强度具有紧密的联系。如图2–2所示，城市规模需要通过交通强度来支撑，交通强度需要道路密度来满足，道路密度要求占用土地资源。从另一角度来看，城市土地资源利用限制了道路密度规划，道路密度又限制了可能达到的交通强度，交通强度只能支持城市规模。

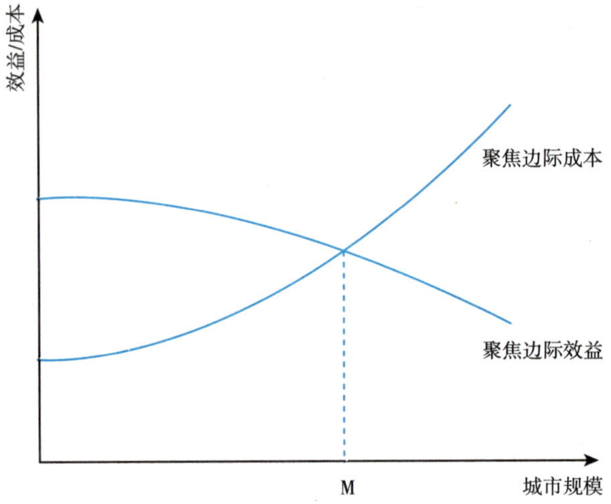

图2-1　城市规模与效益/成本的关系

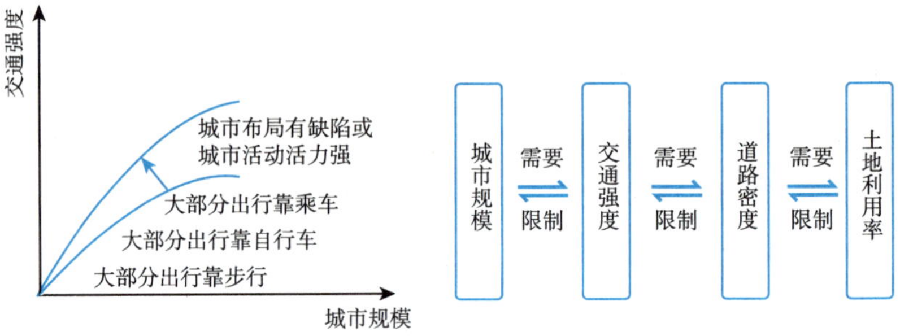

图2-2　城市规模与交通强度的关系

城市交通和城市发展相辅相成，在城市的不断发展中，城市交通也会影响城市规模效益的实现，城市交通方式的需求和发展，与城市规模存在必然的联系。

一般来说，在同样的城市规模条件下，如果城市布局有缺陷，或城市发展及活动的活力强，交通强度都要大一些。城市规模很小时，出行活动大部分依靠步行，城市规模扩大时，大部分出行活动开始依赖自行车等人力工具，在城市规模很大时，出行活动大部分就必须依靠动力车辆。

然而，并不是所有的城市公共交通的需求都是能够被实现的。城市交通的需求实现过程中，受到诸多限制。因此，在考虑城市公共交通的时候，我们一定要结合城市各方面的限制，并对现有的交通形势进行合理的分析思考，最后找出城市发展与公共交通的平衡点。

二、公共交通的特征

城市公共交通是一种特殊的产业，公共交通服务具有不同于其他产品的特征，主要有以下六点：

（1）公共交通在严格意义上不属于公共物品；

（2）城市公共交通具有明显的社会公益性；

（3）服务的差异性；

（4）城市公共交通服务具有规模经济的特征；

（5）公共交通投资具有巨大的正外部性；

（6）公共交通具有管制的特征。

正是因为这些公共交通服务具有与其他产品不同的特征，使我们对城市公共交通的供给分析不能与其他产业的供给分析完全相同，应该在之前的基础上添入特有的分析。

三、我国公共交通运输供给的分析

由于公共交通运输的供给覆盖面十分广泛，因此我们从影响公共交通供给因素方面进行分析，主要受到以下四点影响。

（1）技术影响。公共运输系统的技术特征影响着它的行为。特别是系统的运营成本在很大的程度上取决于所使用的技术类型。其他直接受技术影响的运输特征有能力和速度等。

（2）运营策略。用技术来提供运输服务的方式取决于运营者的行为和目标。例如，为了适应交通量的增加，对于像航空、铁路这样按时刻表运行的系统而言，系统扩能策略对供给特征的影响很大。运营者的行为也确定了运营成本被还原的程度及还原方式，这是将运营成本转化为使用成本的一种价格机制。

（3）政府机构的要求和限制。运输政策是影响运输供给的重要政治因素，它是一个国家发展运输业的重要经济政策，运输政策的制定要从经济、政治、军事以及国防等各个方面加以考虑。

（4）使用者行为。运输供给的有些特征取决于运输系统中使用者的行为。货主选择可用的运输服务方式常常确定了货物的总成本，货主可选择不同的存货量、批量、频率和包装方式。市内旅客也可以通过选择路径、速度及出租车等交通工具而形成对公共运输的供给的影响。

第二节　城市公共交通需求特征分析

随着我国城市化进程的加速，近十几年来，中国大中城市规模得以快速扩张，给城市交通带来了巨大压力。通过研究城市居民的出行需求，对寻求城市社区有效合理的交通模式，提高公交吸引力以及整个公共交通系统效率有着重大意义。

一、出行需求特征

城市居民出行是指居民为完成某一目的，使用某一种交通方式，耗用一定的时间从出发地点经某一路径到达目的地的位移过程。

1. 平均出行次数与出行总量

居民的平均出行次数主要反映人的出行能力和需要，出行总量是城市交通系统承受能力限度的基本量度，等于人口规模与人均出行次数的乘积，出行总量随人口的增长和出行次数的增多而增加。

2. 出行距离

居民的出行距离主要反映行程长短，与出行目的和城市布局有关。一般来说，人们不容易改变“刚性出行距离”，即上学、公务、探亲访友等，起讫点都不由人的意愿而改变；而“弹性出行距离”却可随意愿改变，如购物、娱乐等。

3. 出行时间

出行时耗表示居民一次出行从起点到终点的行程所花费的时间，主要受出行距离与交通方式制约，不同的单程出行时耗，居民相应会采取不同的出行工具。

4. 出行方式

目前，在城市社区的出行方式有步行、自行车、摩托车（包括轻骑、助力车）、私人小汽车、出租车、单位通勤车、公共汽车等。

二、出行需求分析

1. 出行者自身公交出行需求

出行者自身交通出行需求由准时性、可选择性、可达性、安全性、舒适性、目的性、经济性七个方面来决定。

（1）准时性。我国社区居民有相当一部分的出行者乘坐公交车上班、上学。这部分出行者数量多且较为固定，居民总是希望在最短的时间完成出行，因此对公交车的准点性要求较高，公交车的准时性包括提高公交车的技术速度，更重要的是缩短公交车的平均时耗，增加公交车的发车频率，缩短公交车的行车间隔。然而，为了满足居民出行的要求，公交公司在原有路线的基础上布设了一些接运支线，这些支线很短，运行周期中调度时间比例较高，车辆载客率很低，这样造成公交车行车间隔较大，居民在公交车站的等待时间较长，公交车毫无准时性可言。

（2）快速性。出行时耗是出行起点到终点之间所有的时间消耗。居民对于交通方式的选择一般以出行时间最短来决定，这是对公交车的快速性的要求。居民乘坐公交车出行时间包括乘车时间以及等车、换乘等非在乘时间，居民对乘车时间的要求取决于公交车的技术速度以及城市道路情况，然而非在乘时间是由公交车的服务水平决定的。

（3）便利性。方便舒适与否是影响居民公交出行的主要因素之一。方便、舒适的含义很广：方便即到站、离站时间少，步行距离较短，到达目的地公交换乘次数较少。根据调查，沿公共交通线路两侧各300米范围内的居民是愿意乘公共汽车的，超出500米的范围，居民希望从出行点到达公交车站的步行时间不超过8分钟，绝大多数居民选择骑车，乘公交的不多。目前，我国乘客两端步行到站和离站总时间长达17—19分钟。

（4）经济性。居民对交通模式的经济性要求无论对收入高的居民还是对于收入低的居民来说都是较低的支付价格和出行时间成本，即公共交通不能仅仅依靠盲目地降低票价来吸引乘客，还应该不断提高自身的服务水平，最重要的是缩短居民全程出行时间，其中包括步行到车站的时间、等候时间、车内乘车时间、步行离开车站的时间和换乘时间。车内乘车时间可以通过提高交通工具的技术设备水平以及道路设施水平来改善，而非在乘时间（步行到车站的时间、等候时间、步行离开车站的时间、换乘时间）是我们亟待解决的问题，非在乘时间的缩短意味着公共交通对公众的吸引力、与私人交通的竞争力，以及更多的人选择公共交通。

2. 公共交通系统运营管理者的需求

公共交通系统运营管理者的需求取决于以下因素：交通模式的覆盖范围、交通模式可靠性、交通模式的容量、交通模式的成本、交通模式的灵活性、交通模式对乘客的吸引程度、交通模式的安全性、交通模式对环境的影响。

（1）扩大公交车服务覆盖范围，增加公交车吸引力。公交车服务覆盖范围的定义，公交车服务覆盖范围反映了一个城市公共交通发展的整体水平，其值越大，公交的覆盖范围就越广泛，人们采用公交出行就越方便。如果一个路段上只有一条公交线路，那么它往往只能满足该路段附近居民在一个方向上的直达公交服务需求，具有其他方向出行需求的居民则需要步行至公交站点或者乘坐极其不安全的“摩的”到达公交车站，居民乘车不方便。

（2）扩大公交车服务覆盖范围的局限性。然而，为了扩大公交车服务覆盖范围，却使公交车线路的非直线系数过大。非直线系数是指公共交通线路长度与起点和终点之间的直线长度之比。如果公交线路的非直线系数过大，超过了《道路交通规划设计规范》中所规定的1.4，线路曲折，反而使不少乘客增加了额外的行程和出行时耗，并且造成公交车空载率增加，带来城市土地、道路、车辆资源的浪费，增加公交运营成本，给公交企业带来沉重负担。因此，对于公交运营方来说，迫切需要的公共交通模式是具有很好的公交服务覆盖范围的模式，同时能更好地节约运营成本，不造成浪费，使社会经济发展与公交系统发展相协调的交通模式。

三、小结

在出行交通方式的选择过程中，出行者会从时间、费用、环境及可选交通工具等方面进行综合考虑来最终决定自己的出行方式。因而在大力提倡公共交通的城市化交通过程中，要提高城市地面公共交通的吸引力，必须从认识居民对出行方式的需求入手。只有了解了居民的出行需求，才能够寻求到一种既能满足出行者自身的出行需求，又能提高我国地面公共交通的运营效率的交通模式。

第三节　城市公共交通运营管理模式分析

公交客运是一个城市的基础行业，是城市的生命线，具有生产性、服务性、公益性的特点，极大地影响着城市经济的发展。一个城市公交事业发展的基本思路应该是：在政府宏观调控下，建立一个以现代化公交设施为依托，以多元化经营为方式，以线路专营权为保障的公交企业经营与管理模式。即政府统一管理，并引入市场机制，将公交经营权让渡企业运营，以保证整个城市的交通运输高效、可持续发展。

纵观我国各大城市公交运营管理模式，主要实行的是“规范化管理、公司化运作”的经营理念。此模式特征主要表现在以下两方面。

一、规范化管理

公车公营运作模式下，政府主要对公交行业进行宏观调控，其在公交管理中主要坚持以下原则：准入规范原则、有序发展原则、优质服务原则以及政策扶持原则。体现在以下两个方面。

第一，拍卖路线经营权。市场准入授权经营是时下比较流行以及被各地看好的公交改革方式，即政府把新开的部分线路作为商品面对全社会进行拍卖，任何一个企业只要有足够的资金并给予政府相应的承诺，通过竞标可以取得部分线路的经营权，由政府授予其一定的经营期限。在此模式下，政府通过规制，使管理机构和运营企业分离，双方通过缔结委托代理合同，共同管理和运营城市公交事务。政府主要负责政策的制定、公交网络的规划维护以及对代理方所提供的服务进行评估，即监管合同的履行情况；而运营方获得运营授权合同后，自主组织经营，有时还可以制定独立的票价体系，开发特色服务种类。

第二，政府实行财政补贴和政策扶持，担任市场监督角色。在这种模式下，政府部门对公交行业实行全过程控制，其主要职责包括制定公交政策、建设和维护公交设施、规划设计运营线路、确定票价体系、财政预算和成本结算等。公交运营方进行指令性营运，负责车辆的维修和企业员工的管理。避免了私有经济实体对乘客的剥削，体现了城市公共交通的公益性特点。

二、公司化经营

目前，各城市公交主要实行的是公车公营与线路租赁相结合的多元化经营模式。

首先，坚持经营模式的专营。注重引进竞争机制，在统一规划、统一管理的基础上，动员地方、部门和集体经济力量，坚持公交优先发展原则，逐步培育和完善公交客运市场，使整个公交市场运作有序。

其次，坚持经营结构的多元化。主要根据不同线路的性质、客流、道路运行环境等条件，采用不同的公交车型，实现公交车辆多元化。大客流线路宜采用大车型、高档车，小客流线路可采用中小型客车，以保证一定的发车间隔，方便乘客。同时注重拓宽公交业务范围，除传统的公交客运外，积极开展广告、车辆服务（如对外租赁、维修、救援等）以及其他商业开发，实现公交业务多元化，积极寻求公交企业新的经济增长点，确保在市场机制下公交企业的盈利。

三、意义

交通带动着经济的发展，公交则带动着城市的发展。城市公共交通是社会公益性事业，是一个城市的基础行业，是城市的生命线，具有生产性、服务性、公益性的特点，极大地影响着城市经济的发展。

1.政府角度

在城市公交事业发展中，政府主要履行宏观管理职能。政府最重要的宏观管理是对公交工具实行总量控制与价格监管。城市公交作为一种公共物品，具有公益性的特点。政府规范化的统一管理，可以推动各项有关公交的立法、政策，以取得法律依据，做到依法行政和严格执法。

政府通过对运营线路实施经营专利权许可，对公共小巴牌照实行定额拍卖发放，有效控制各类公交工具发展总量。政府通过统一确定公交运营价格，审批公交公司调价方案，确保公交工具收费合理，保障市民根本利益。有利于公交企业改善效率、提高技术、削减生产成本，减少企业“政策性亏损”。同时，方便政府加大对公交的投入。在公交场站建设、换乘枢纽以及车船和设施装备配置与更新等方面，通过此模式，可以对因价格限制造成的政策性亏损，对承担社会福利以及完成政府指令性任务增加的支出，确定是否给予适当资金和政策扶持提供相应的依据。但是有一点值得注意的是，政府不能绝对控股，则有将公交沦落为“私交”的危险，并且使公共交通企业丧失公益性的特征。

政府可以对各公交机构实施有效监管。运营者必须通过竞争才能获准进入市场，从事公交运营。进入行业以后，必须服从政府的干预调节。公交公司中有政府官员代表，政府代表每月参加董事局会议，随时掌握公司的财政状况和经营状况，并对公司的重大决策提出政府的意见。如果各公司运转正常，政府不会主动干预其经营行为，如果有公司运转失灵影响到公众的利益，政府会出手干预，甚至使之淘汰出局。如此一来，便能保证公交企业运营的规范化，树立城市的公共交通形象。

除此之外，政府还可以通过一定的服务督导机构、行业商会和工会等平台，听取专家、学者、经营者及雇员、消费者等各方面的诉求，协调、维护各方合法权益。

2. 公交企业角度

城市公交事业具有极强的公益性，“公交公营”模式对于企业而言已经是不能再纯粹地追求市场利益的最大化。它必须接受市场竞争，其服务必须接受市民的监督、考评，以此来优胜劣汰。因此，公交企业是否能在一城市中站住脚，首先必须保证自身运营得到市民的认可。作为城市公共事业的投入方，公交公司是可以实现自身经营利润的，同时也会得到政府更多政策的照顾和资金的扶持，这样对企业自身而言也是一件好事。

3. 市民角度

城市公共交通与市民生活息息相关。公交运营模式的改革，归根结底还是为了保证市民的合法权益，为市民的出行提供更为便捷、高效、安全、合法的交通渠道。因此，最终受益的还是市民消费者。

目前，一些地区的公交推出优惠乘公交车政策，如武汉市公交推出的年初降价、刷卡优惠政策；对企业职工、中小学生实行月票乘坐普线的优惠，对65岁以上老人、下肢残疾者、盲人、现役军人、伤残军人、伤残警察等实行公益性免费乘车的优惠政策，使公交行业中一年约有1.5亿元惠及市民。相信未来将有更多的市民享受到城市公交带来的便利和好处。

再者，公交规范化管理，促使一个城市形成秩序井然的交通环境，提升城市的形象。一个城市的服务质量更好了，总体形象地位上升了，社会环境变好了，市民生活才会更加惬意，社会才能更加和谐。

四、展望

随着城市公共事业的发展和完善，公交运营管理模式的不断探索和实践，相信未来政府在提供公共交通服务方面会更加让市民满意。作为一个城市公共交通核心部分的公交车，“公交优先”一直是城市发展规划的一个重要指标。不论是几年来各大城市公交“公司化经营，规范化管理”模式的推行，还是TOD模式（以公共交通为导向的开发，是规划一个居民或者商业区时，使公共交通的使用最大化的一种非汽车化的规划设计方式）的配套探讨设计，或者是湖南常德免费公交的试行，我们都可以看出一个城市公交发展的趋势为市民服务，为城市发展努力。城市公交终走向何方，政府采取什么样的模式来确保这一城市“血脉”的顺畅运转，我们将会继续关注，作为城市发展的后辈，我们也应该积极探讨，积极展望。

第四节　城市公共交通服务特征分析

我国经济社会的快速发展和人们日益增长的出行需求，极大地推进了各个城市公共交通的发展。但出行不便、交通拥堵等矛盾仍然使城市公共交通服务难以满足安全、快捷、经济、舒适的发展目标。因此，应树立公共交通优先发展、智慧化建设的理念，将大数据、5G等先进技术应用到城市公共交通建设运营和服务管理中，提高城市公共交通服务水平。

城市公共交通服务在保证安全的前提下，应满足市民进出公共交通系统和衔接换乘所需的步行距离短、换乘次数少、出行方便快捷的目标要求，各交通方式间扬长避短，充分发挥各自优势，为市民提供高效智能的运营服务，改善交通出行环境。依据高德地图交通大数据，从“平均候车时间”“平均步行距离”“公共交通换乘便捷性”等方面对全国主要城市公共交通服务水平进行分析，促进城市公共交通体系向着更安全可靠、更便捷高效、更经济舒适、更智能绿色的方向快速发展，推进智慧交通建设。

一、平均候车时间分析

交通扰动和发车频率是影响公共交通出行平均候车时间的主要因素。恶劣天气、交通事故等因素对公共交通正常运营扰动较大，车辆数量、经济效益等因素对发车频率有很大的影响。一般来说，发车频率越高、交通扰动越小，公共交通出行平均候车时间就越短，城市公共交通服务可靠性越高，在一定程度上反映城市公共交通服务水平越好。

依据高德地图大数据，选取城市人口热力核心区内的公交站点，以城市交通高峰时段公共交通车辆到达的车头时距及其均匀性来计算各城市公共交通出行的“高峰期平均候车时间”，所有城市里影响“高峰期平均候车时间”的因素程度大小比较为“交通扰动 < 发车频率”，数据如图2-3所示。

在超大城市中，高峰期平均候车时间从短到长依次为深圳、北京、重庆、成都、上海、广州、天津。在超大城市交通高峰期，天津的平均候车时间大于15分钟，这说明其城市公共交通发车频率最低、受交通扰动最大，公共交通服务可靠性最差；深圳的平均候车时间为8.97分钟，这说明其城市公共交通发车频率最高、受交通扰动最小，公共交通服务可靠性最好。

在特大城市中，高峰期平均候车时间从短到长排名前5位的依次为南京、东莞、青岛、杭州、沈阳。在特大城市交通高峰期，沈阳和杭州及排名更靠后的城市平均候车时间均大于13分钟，这些城市的公共交通发车频率低、受交通扰动大，公共交通服务可靠性差；南京的平均候车时间小于

10分钟，其城市公共交通发车频率最高、受交通扰动最小，公共交通服务可靠性最好。

在大中型城市中，高峰期平均候车时间小于15分钟的城市有兰州、宁波、厦门、石家庄、长春、太原、海口，这说明这些城市公共交通发车频率较高、受交通扰动较小，公共交通服务可靠性较好，尤其是兰州，高峰期平均候车时间只稍高于10分钟，公共交通服务可靠性最好。其中，宁波的高峰期平均候车时间受交通扰动影响最小，只有1.17分钟，这说明其城市公共交通服务可靠性更高，公共交通系统建设管理更先进。

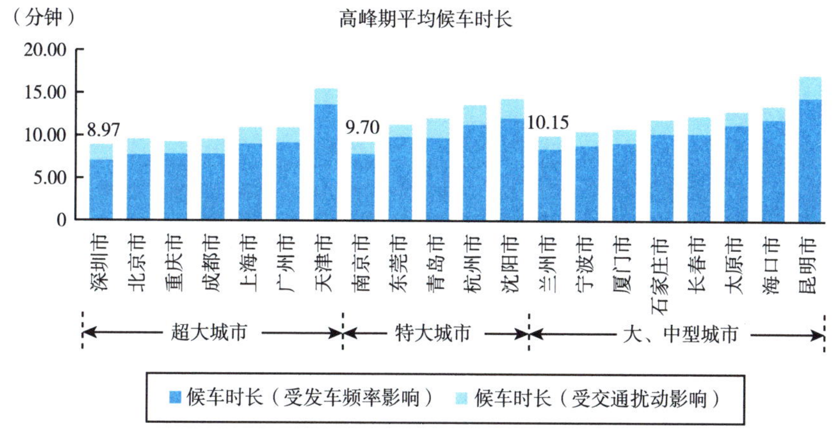

图2-3　2022年主要全国城市高峰期平均候车时长

二、平均步行距离分析

城市公共交通出行市民进出公共交通系统和衔接换乘所需的步行距离称为平均步行距离。平均步行距离越小，说明城市公共交通出行更为便捷，服务水平更高。

依据高德地图2022年度中国主要城市交通分析报告的数据（见图2-4），在超大城市中，平均步行距离从小到大依次为深圳、广州、成都、天津、重庆、北京、上海。深圳、广州的平均步行距离略高于1000米，平均换乘距离也较小，说明其城市公共交通出行便捷性更高，交通衔接服务质量更好；其他城市的平均步行距离均超过1100米，平均换乘距离也较大，说明这些城市的公共交通出行便捷性相对较差。

在特大城市中，平均步行距离从小到大排在前5位的依次为青岛、东莞、沈阳、南京、杭州。南京、杭州的平均步行距离均超过1100米，说明这些城市的公共交通出行便捷性不高；青岛的平均步行距离低于1000米，说明其城市公共交通出行便捷性更高。

在大中型城市中，平均步行距离从小到大排在前8位的依次为海口、兰州、厦门、太原、石家庄、长春、宁波、昆明。相较于超大和特大城市，大、中型城市的平均步行距离更低，说明大中型城市的公共交通出行便捷性较高，交通衔接服务质量较好。

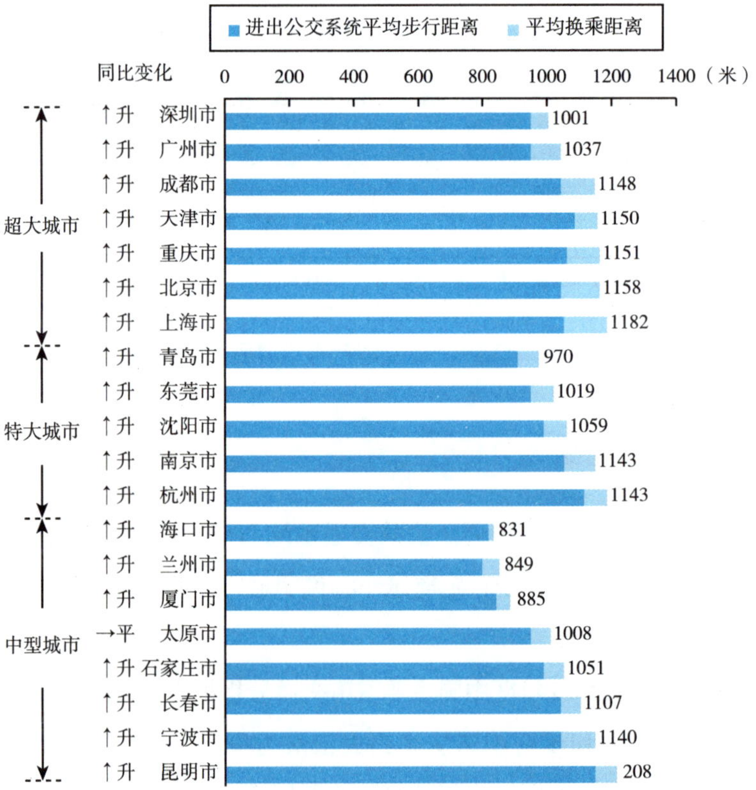

图2-4　2022年全国主要城市平均步行距离

三、公共交通换乘便捷性分析

公共交通换乘便捷性可用公共交通换乘系数来衡量，公共交通换乘系数越小，公共交通出行需要换乘的次数越少，公共交通出行越便捷。

公共交通换乘系数是指在公共交通运营时的一次换乘中，车上总乘客的人数与能直达目的地的乘客人数之比，用于衡量公共交通系统的直达程度。在一定程度上反映出一个城市公共交通系统管理和服务水平。城市规模越大，公共交通换乘系数相对较大，公共交通出行换乘次数可能越多，运营服务管理水平相对较弱。一般而言，大城市的公交换乘系数应≤1.5，中小城市的公交换乘系数应≤1.3。

依据高德地图2022年度中国主要城市交通分析报告数据（见图2–5）显示，在超大城市中，公共交通换乘系数从小到大依次为深圳、天津、重庆、广州、成都、上海、北京，其中深圳的公共交通换乘系数均小于1.5，直达占比高达55%，多次换乘占比为14%，说明深圳的城市公共交通系统比较发达，交通出行比较便捷。北京的公共交通换乘系数最大，接近1.6，直达占比只有41%，多次换乘占比有25%，这说明北京的城市公共交通出行便捷性较差，这也和其城区规模巨大相关。

在特大城市中，公共交通换乘系数从小到大排在前5位的城市依次为青岛、东莞、沈阳、南京、杭州，除南京和杭州外，换乘系数均小于1.5，直达占比均大于50%，公共交通出行至多换乘1次占比均不小于85%，这反映出这些特大城市的公共交通出行较为便捷性。

在大中型城市中，公共交通换乘系数从小到大排在前8位的城市依次为海口、兰州、厦门、太原、石家庄、宁波、长春、昆明，但均小于1.5，直达占比均不小于52%，公共交通出行至多换乘1次占比均不小于84%，这反应出这些大中城市的公共交通出行直达率较高，出行便捷。

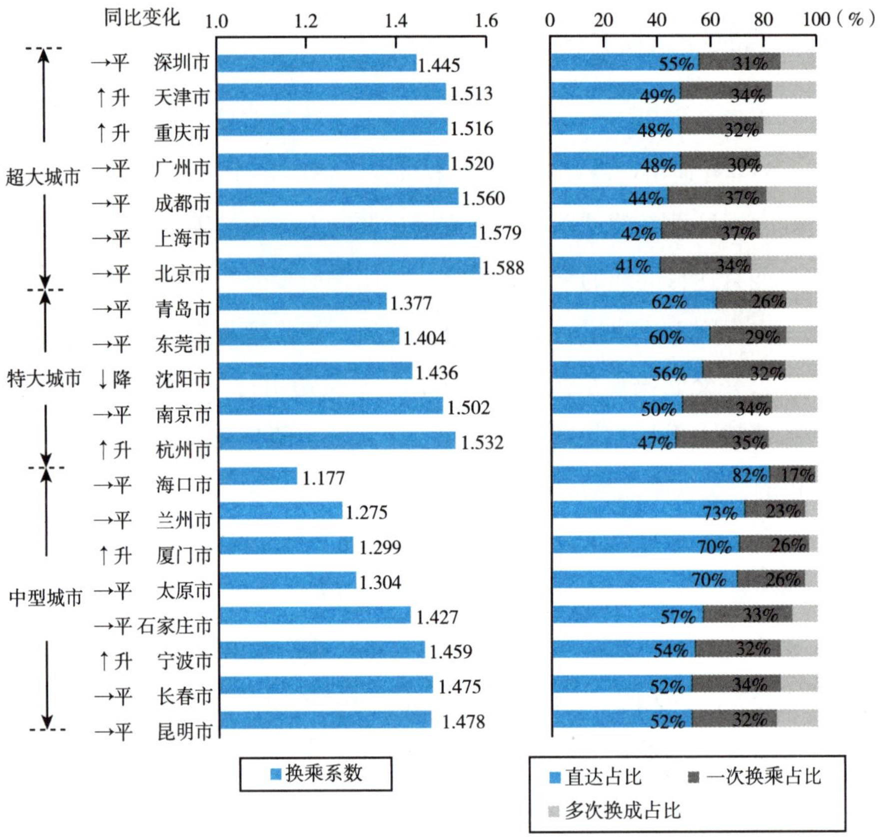

图2-5 2022年全国主要城市交通换乘系数

城市公共交通是城市建设发展的一部分，是解决市民出行需求的公共服务和民生工程，是政府为社会提供公共服务的重要内容。城市公共交通服务水平在一定程度上反映了城市的公共服务质量，是一个城市文明建设的重点工作。城市公共交通服务着重安全性、便利性、快捷性、可靠性、舒适性和公益性，服务水平的高低是衡量一个城市形象的窗口，体现了城市文明程度。应坚持公益优先、服务民生的原则，社会各界协同合作，努力构建安全便捷、经济环保、文明规范的城市公共交通服务体系，做好公共交通服务工作以满足市民安全、便利、快捷、可靠、舒适、经济的出行需求。

第五节 城市公共交通监管与运营模式分析

一、规范化监管，公司化经营

1. 监管的模式与问题分析

目前，城市公交作为服务城市市民的基础性服务行业，受到行业监管部门的强监管，监管的形式一般通过政府特许经营权的方式进行，在特许经营权授予时，对行业主管部门和特许经营企业的权利义务进行了相对明确的界定，这形成了监督管理的基础。但在实际管理过程中，行业监管部门对公交企业的监管，一是经常会出现监管缺位和监管越位的现象，无法准确把握监管的度，二是轻监重管，监督需要更高的专业化能力与水平，更注重系统性、协同性，需要制定科学合理并滚动的行业监管标准。而行业主管部门对公交企业的管理则可以具象化、碎片化和随意化，相对来说自由裁量权更大。因此，尽管各地也尝试出台一些类似“城市公共交通条例”的行业监管与发展的文件，但行业主管部门该监督什么、该管理什么的边界并不清晰，甚至这个问题并未引起公交行业人士的思考，监管的模糊化将严重影响城市地面公交的良性发展。

2. 公交企业的市场主体地位

公交发展的实践证明，公交企业化运作是目前条件下相对最有效的方式，企业内部的集约化组织方式保障了公交企业这种运营方式的有效性。因此，要推动公交服务水平的提升，就必须确保公交企业的市场主体地位，由企业按照市场化原则与特许经营模式所确定的公益性要求，自主开展公交服务经营活动，发挥企业化运作的优势，通过集约化方式为公众提供最具性价比的公交出行服务。如果反其道行之，将公交服务的供应商确定为政府机构等不具备经营属性的非市场主体单位，则完全无法集约化充分高效利用资源，无法提供最优性价比的公交服务，最后一定导致城市公交服务水平的不断降低，并让不断恶化低效的公交服务持续驱离公交乘客。

3.如何构建合理适度监管与有效营运的良性机制

通过特许经营而拥有独占性，并按照企业化运作提供服务产品，同时兼顾市场性和公益性的企业，接受行业监管是必须的。构建合理适度监管与公交企业有效营运的良性机制，需要从以下几个方面来进行：

（1）明确界定公交服务的产品标准与属性，交通运输部从国家层面，统筹融合客运与地面公交，出台服务乘客出行的行业与市场主体的定位文件，明确界定客运与公交服务公众出行的服务产品属性。

（2）明确界定公交（客运）企业的市场主体地位，明确区分其市场性与公益性属性，并分类规制与监管。

（3）明确中央政府与地方政府行业主管部门在公共交通领域的职责权利。

二、市场性与公益性的融合分析

公交企业是城市公交服务产品的提供者，在城市功能与行业属性上具有自然垄断与公益特性，同时在生产特性、功能特性与制度特性上又具有与其他行业、企业明显不同的特征，因此公交企业的发展必须解决其市场性与公益性融合的问题。

1.公交的市场性分析

市场经济对市场主体盈利性要求与公交企业所承担的社会义务是有一定冲突的，但与公交企业的市场化运作并不完全矛盾，公交的公益性并不排斥市场化的运作规律，市场化的企业运作也可以在行业的公益性与企业的市场性之间取得平衡。公交企业的市场性特征如下。

（1）公交营运主体的企业化特征明显。股东方对公交企业有明确的财务指标与经营指标的要求，公交企业必须按照《中华人民共和国公司法》要求建立规范的股东会、董事会与经营管理层，切实按照企业化运作。

（2）公交服务评价的市场化机制完备。公交营运主体提供出行（位移）服务，公众依据性价比的原则自主选择是否接受公交服务或者接受哪一种公交服务。特别在目前出行方式更加多元，选择更多的情况下，公交营运主体必须在市场化原则指引下，提供最具性价比的优质服务产品，才能够得到公众与消费者的认可，才具备良好的市场地位与市场价值。

（3）公交企业兼具外部的市场性与内部的市场性。公交企业在提供出行服务方面，面临着公众更多元的出行选择，承受了市场化竞争的选择压力。在公交企业内部则存在以“降本增效”为导向的激励约束机制。在这种内外部兼具的市场化机制作用下，公交企业必须按照市场化原则与规律，全面开展市场化运营。

2.公交的公益性分析

公共交通作为一种准公共产品，具有较强社会公益性特征。在实施特许经营后，由于公交行业的公益性是政府应该承担的社会基本职责，要公交企业承担起本应是政府的社会义务，就必须建立起弥补企业因承担社会公益而带来经济损失的财政补偿机制和对公交企业服务质量的监管机制。实施特许经营后，由于公交特许经营企业将在政府划定的区域内经营公交业务，政府主管部门将对公交企业进行考核也属监管正常要求，并将安全、服务作为考核的重中之重，以考核结果和市民对于公交企业的满意度作为政府财政补贴和提供各种优惠政策的重要依据。对于公交特许经营企业而言，由于所经营的区域具有一定的自然垄断特性，且受到政府的政策保护，公交运营企业的社会公益性体现将更为显著。具体体现在以下五个方面：

（1）在营运时间安排上，以公众需要为主。公交企业在确定什么时间发车、什么时间收车、什么时间减少车辆、什么时间增加车辆等问题上、都不是从自身的便利性与经济性方面确定的，而是必须从公众的需要和利益来确定。

（2）在营运线路的安排上，以公众便利性为主。现代地面交通是一个纵横交错的立体化交通网络体系，如何确定公交的营运线路，直接影响到公众的工作和生活。因此，公交企业应从公众的需要出发，合理组织营运线路，使不同区域的公众都方便出行。

（3）在营运设施的配置上，不断体现“科技公交”理念，持续满足公众日益增长的出行需要。随着生活水平的不断提高，公众对公交服务的要求不断提高，公交企业必须不断加大对自身硬件、软件的投入，不断提升服务的智慧化、便利化水平，持续提升公交的便利性与舒适性水平。

（4）在公交车辆的外观设置上，要不断满足城市整体性要求。城区的美化建设是现代社会文化建设的一项重要内容，也是陶冶公众情操、净化社会风气的教育力量，公交企业要不断提高车辆的外观美感，使公交车成为城区流动的风景。

（5）在服务质量上，要满足公众日益增长的心理需求。随着人们物质生活水平的不断提高，物质需求的满足达到了一定水平之后，心理需求自然也显示出来，公众对服务质量的要求将越来越高，被服务时要求达到心情舒畅和愉悦已经成为公众的基本要求，因此公交服务企业要不断提高公交从业人员的服务态度、服务质量，让公众感到满意。

3. 公交的市场性与公益性融合机制探讨

公交特许经营企业是在政府特许经营相关条款约束下为市民提供公共交通服务的一个经营单位，它更多地体现出企业的社会公益性特征。但是，作为市场经济下的一个经济实体，需要进行企业管控与自主发展，通过科学规范的企业内部经营管理，提高资源利用效率，在保证公交服务质量的基础上，追求合理的企业利润，从而实现公交企业的稳健、可持续发展，只有公交企业实现良性的自我发展，才能保障为社会提供持续、稳定、优质的公交服务。

为了实现公交特许经营企业的使命，在日益凸显其社会公益性的同时，也要兼顾其实现经济效益的需求，两者相辅相成。随着社会经济的不断发展，城市化进程的不断加快，公交企业的投入支出将持续增加，公交特许经营企业作为公交服务的提供者，无法独立全部承担公益性责任。政府应该通过向企业购买公交服务的方式回馈社会公众，提高公民的社会福利水平。但作为公交企业，必须在特许经营框架下，兼顾公交企业的市场性与公益性特征，实现多赢局面，实现良性发展。

（1）界定政府与企业之间的角色定位。实施公交特许经营后，政府的管理职能并没有削弱，而是得到了加强，因为在特许经营条件下，必然出现经营的垄断性，政府部门加强对特许经营企业和公交市场的监管以保障社会公众利益就显得特别重要。当然监管的内容、重点与手段都应该调整和变化。公交企业拥有相对于政府的独立利益，是公交服务的直接提供者，在线路资源与营运组织方式优化、车型配置等方面应当具有一定的自主权，以更好地满足客流市场的需求；政府职能部门作为公交企业经营权的授予者和公共利益的代表，则是通过向公交企业购买公交服务提供给广大市民，不应该直接参与企业经营，但是对于关系民生的公交行业来说，政府始终是相关责任的直接承担者，应通过对企业执行各种管制政策和进行一定的行为约束以确保整个系统的社会经济效益最大化。

（2）赋予公交企业在营运组织模式、线路规划与优化等方面的经营自主权。应将公交经营区域内的线路规划与优化权利授予公交企业，公交企业可以根据区域内公众出行的需求特征调整优化公交组织模式。

（3）加强公交企业内部管理。全面加强公交营运安全与服务质量管理，在确保安全的前提下，为公众提供优质的公交服务。通过政府购买服务与企业的市场化经营，确保企业经营的经济效益与股东方的合理回报，促进公交企业与公交服务的良性发展。

第三章

动态公交的定义与运营模式

第一节　动态公交的特点

“固定时间、固定站点与固定线路”的传统公交模式已经运行上百年时间，它在很长一段时间内较好地解决了城乡交通出行问题。但近年来，随着人们对交通出行便捷度和舒适度要求的不断提升，传统公交面临供需不匹配的巨大挑战。尽管公交企业不断优化线路，升级车辆硬件设施，依然难以改变供需不匹配、等待时间长、空驶率高等问题，导致传统公交分担率持续下降。

动态公交是根据乘客的出行需求确定公交车辆运营路线的模式，通过实时上下车点的收集，结合车辆当前位置、乘客位置、空余座位数根据算法实时动态规划公交车辆行驶路线，为乘客提供点对点出行的模式。动态公交没有固定站点和线路，是将传统公交与网约拼车相结合，为乘客提供比网约拼车运量更大、费用更低的拼车出行服务。

第二节　动态公交的运营模式

一、拼车——基于算法下的响应式出行

动态公交基本的运营方式，是根据乘客的出行需求确定公交车辆运营路线的模式，通过实时需求收集，结合车辆当前位置、空余座位数根据算法实时动态规划公交车辆行驶路线，为乘客提供接近于点对点出行的模式。举例来说，乘客A需要从O_A到D_A（O表示起点Origin，D表示终点Destination），当系统接收到乘客A的需求后，会根据一定算法将该订单分配给某一车辆，并生成该车辆接送乘客的路线，如果在车辆接送A的途中，乘客B也向系统提交了出行需求，并且乘客B的需求与A满足一定的条件，系

统会将该乘客分配给同一车辆。在生成车辆行驶路线时，B的起点O_B与终点D_B可能出现在A下车后的路径上，也可能在A下车前，如果O_B在D_A之前，乘客B会与A有一段共乘路径，也就是A与B“拼”在了同一辆车上；如果O_B在D_A之后，意味着乘客B在A下车之后才会上车，对于A、B来说，他们相当于享受了专车的服务。这种基于乘客出行需求动态确定车辆行驶路线的响应式出行方式，是动态公交与传统公交最大的不同之处。

这样看来，动态公交更贴合乘客的需求，完全可以替代传统公交，但事实并非这么简单，因为动态公交的接单条件非常复杂。比如，动态公交服务区域越小，潜在的乘客需求就越少，极端情况下可能无单可接；而服务区域越大，车辆绕远可能性就越大，极端情况下，车辆的空驶距离可能远大于载客距离。除此之外，还有车辆座位数限制、同行订单数限制（同行订单数每增加+1，车辆行驶路线的计算成本都是以几何级的方式增长，因此，同行订单数往往不能设置过大）以及车辆绕行成本。

车辆绕行成本中最容易理解的就是车辆绕行时间和车辆绕行距离，当车辆接到了乘客A，如果没有其他乘客与A共乘，乘客A到达其终点的行驶距离是5千米，耗时10分钟；如果这时车辆接到了另一名乘客B的订单请求，需要在先接乘客B之后，再将A送到终点，假定接乘客B会导致乘客A多乘坐5千米或者10分钟，对于A来说，原本10分钟就可以到达目的地，他需要花费20分钟才能到达，时间绕行系数为2（20÷10=2），乘车体验并不好。因此在拼车算法中，对于绕行系数的设置需要进行一定的选择，系数设置过大，会降低乘客的乘车体验，系数设置过小，会导致原本能共乘的订单因不满足系数限制被拒绝，使得车辆的使用率降低，运营成本升高。

除此之外，还有回头路限制、接单时间窗限制、接单时间波动限制、发车成本限制、拼单方向限制等复杂的条件限制会对订单成功率产生影响，这些都需要经过算法的计算来得出结果。因此，动态公交的运行必然需要软件系统来支撑，而传统公交不一定依赖软件系统。

二、预约专车

对用户需求进行细分后可以发现，并不是所有乘客都希望与其他乘客共乘，专车的体验无疑是更好的。因此，动态公交在提供拼车服务的同时也可以提供专车模式，即乘客在乘车时不会与其他订单的乘客共乘，乘车服务提升了，乘车费用也会有相应的升高，但该费用应不高于出租车和网约车的专车费用。如果同行多人希望去同一目的地，可以在一个专单订单中购买多张车票，这样可以享受到类似小型包车的专车服务。

三、上车补票

动态公交的上车点可以是传统公交的站点，也可以是任意POI（Point of Interest）点，为了使乘客更准确地识别出动态公交的站点，一些公交公司将动态公交的站点设置为与传统公交的站点相同的位置。由于乘客的订单分配给哪辆车是由算法决定的，而算法又受到绕行系数等一系列的参数的影响，因此，有时会出现乘客在候车点等到一辆车，但算法从全局的角度来看这辆车并非最佳车辆，所以这辆车不是算法为乘客分配的车辆，即使乘客觉得这车辆的行驶路线自己能接受，也只能乘坐分配给自己的车辆。在这一点为了提高乘客的体验，动态公交可以提供上车补票的功能，即如果乘客可以接受当前车辆已分配订单的所有乘客都下车后再将其送往目的地，就可以为其按照上车补票的方式来下单。

四、空车调度

一方面，如果运营区域的单位面积车辆数较少，车辆行驶到乘客上车点所花费的平均空驶里程会比较高，由于受到算法对空驶里程的限制，车辆距离乘客过远时，会导致无法为乘客分配车辆，接单率下降；另一方面，受接送订单影响，如果车辆在运营区域内分布不均，也会导致乘客在车辆分布少的区域难以分配到车辆。如果能够提前将空车合理调往乘客起点密集区域，既可以提高接单率，也可以降低乘客的候车时间。

实现空车调度的方式有多种，一种是根据经验，在运营区域内设置若干固定热点站，热点站可以是车站、商业圈等有较多乘车需求的地方；还有一种方式是算法根据历史订单情况动态地设置热点站，历史订单可以按工作日/非工作日、时段划分后进行分析，进一步也可以通过对前15分钟或半小时的订单分析后进行预测。相比于第一种方式，动态设置热点站对于算法的技术要求更高，但在理想情况下达到的效果也更好。由于热点站附近乘车需求旺盛，将空闲车辆调往热点站往往能明显提高接单成功率。

第三节 动态公交与传统公交运营模式比较分析

动态公交作为需求响应式点到点公交，其运营模式与传统公交运营模式有比较大的不同，在线路运营、用户运营上结合动态公交的特点都有一套管理模式。

一、常规公交的运行特点

作为最为普遍的一种大众运输工具，常规公交主要是为了满足基层大众的出行需求而投放使用的，其价格低廉，行驶速度适中，快于人力自行车，但慢于地铁、出租车等。常规公交一般没有独立路权，和私家车、出租车、网约车等行驶在相同的道路，因此，在人口较多的城市，早晚高峰期常规公交的行驶路线通常会比较拥堵。

由于公交车需要与其他汽车共用同一路面资源，其班次无法像有独立路权的轨道交通工具系统（如地铁）般稳定，因此部分城市为解决此问题，便在路上划出只准公交车和无轨电车使用的车道，台湾称为公车专用道，中国大陆称作公交专用道，香港称为巴士专线。在一些较特殊的情况下，甚至有整条街道皆划作专用道的情况。

快速公交系统（Bus Rapid Transit，BRT）是一种以公交车为基础的新型大容量快速交通方式，结合地铁与捷运的高运载力、速度与公交车系统的低成本、灵活性和简单性，使用高载客量的公交车（如铰接客车）在专用道上行驶，并在特定的站点设立专用站台。这系统相较于一般公交车能提供更高运载力，而公交车班次亦不受交通挤塞影响，变得更稳定。

二、常规公交的优缺点

与动态公交相比，常规公交具有以下特点：

（1）具有固定的线路；

（2）具有固定的站点；

（3）票价低廉；

（4）乘客需要在站点等待车辆，但并不能确定车辆何时会到；

（5）乘客仅需要使用公交卡或投币等方式完成车辆的乘坐，乘客和司机都不需要使用手机或Pad。

对于上述常规公交的特点，我们逐一分析下优劣。第1点和第2点其实可以一起来讲，固定的线路和站点不能简单地评判其是好或者不好，对乘客来说，固定的线路和站点就意味着乘车的保障，只要在车辆运营的时间内，乘客在站点等车就一定能坐到车，这对乘客来说是常规公交的优点，但也正是由于固定的线路和站点，即使站点无人上下车，车辆仍然会在该车站停靠，这就降低了车辆的行驶效率。第3点，票价低廉，这无疑是优点。第4点，有人可能会说目前有很多地图软件或者公交查询的App都可以查询常规公交的准实时位置，人们已经能够知道常规公交距离站点有多远、还有多久能到站了；但实际上，这些地图软件或者公交查询的App并不是常规公交系统的一部分，并且这些地图软件或者公交查询的App查询的车辆位置是依赖与车辆上报的GPS信号的，如果车辆不上报GPS信号，地图软件或者公交查询的App也是无法看到该车的位置，定时上报车辆GPS位置的公交车，已经不能完全算是常规公交了。第5点，常规公交的支付方式简洁，不依赖手机等工具，这是优点；但使用手机支付具有预约提前购票、月票、优惠券等功能，这也是常规公交非常大的劣势。

三、动态公交能否取代常规公交

动态公交作为响应式公交，提供的是灵活、快捷、需求式响应的点对点服务，因此车型的选择非常重要。车型如果过大，在马路调头和小路通行上，会显得尤为不便。而且也有巨大的道路安全隐患。

动态公交服务的一般都是零散的出行人群，且为了保障乘客的乘车体验，在拼车系数的限制下，同行订单一般不会超过5个，也就是说，车上的同乘乘客人数，一般不会超过5人。

因此动态公交的载客量存在天然的劣势。如果是在早晚高峰期，要快速实现市民的接送和疏散，则优先采用常规公交或定制公交等定时、定点、定线的大容量公交车来接送。

四、动态公交对常规公交的意义

公交行业发展的趋势应当是寻求运力效率的最大化。常规公交的运营模式决定了它只能服务于早晚高峰的大客流人群，一到平峰期，运营效率会急剧下降，只能通过减少发车班次来降低运营成本，而发车间隔的加大，又会导致乘客乘车体验的下滑。

同时，常规公交的线路规划，行驶路径，也只能选择在有固定公交站点的马路上，在城乡发展的过程中，公交站点覆盖不全、小区门口无公交站点的情况比比皆是。而增设线路去服务这种零星的出行需求，对公交企业而言又是巨大的资源浪费。

因此，动态公交的出行正是在互联网时代下为传统公交行业提供的一种出行补充手段。通过增设虚拟站点去满足零散的出行需求，而响应式出行又不会造成车辆的空跑和运力的浪费，也更能满足新时代多样化的出行需求。

第四节　动态公交与网约车的运营模式比较

动态公交是以乘客需求为导向的创新型动态响应公交运营模式，通过互联网、大数据等现代信息技术，收集乘客出行需求，动态规划最优出行路径，实行精准服务。市民通过网上预约的方式，在服务时间和服务区域内，提前约定上落公交站点；线上购票后，系统反馈预约成功，会生成乘车二维码，乘客按约车时间、站点候乘，扫码乘车。乘客网上约车成功后，系统后台会根据一系列规则通过算法为乘客分配车辆，并在承诺时间到达约定地点。这个模式跟早前兴起的网约车模式有相似之处，都是网上预约购票后台拼车出行，但又有所不同，下面我们从运营模式进行比较分析。

一、出行工具不同

网约车不论是采用私家车加盟的方式，还是自营购车的方式，目前市面上的车型，还是以5座车为主，主要面向是单人或较少人数的出行需求。

动态公交的车型选择，一般是优先选择座位数9座、核载人数为18人的公交小巴，更多面向的是团体多人的出行需求。

二、服务主体不同

网约车服务的主体一般是临时即时拼凑的出行需求，对响应时间、送达时间和服务质量有更高要求的人群。

动态公交服务的主体是常规公交服务不到的潜在服务人群，是以大容量、覆盖率、载客量为核心要求的公交出行工具，服务的是本地市民日常出行。

三、服务范围不同

网约车服务范围理论上可以覆盖全国。即只要乘客有出行需求，且愿意承担出行费用，网约车的服务范围是没有边界的。

动态公交的服务范围，主要是在某个界定范围区域内的出行。乘客的上车点和目的地不允许超出运营区域。且不同区域并不互动，是在区域内的动态运行。针对跨越区域的出行，城际拼车更适合。

四、定价策略不同

网约车提供的是单个订单，专属服务，客单价和出租车近似的运营模式。是完全市场化的，以盈利为目的的运营模式，价格不受政府监管，由市场自由定价。

动态公交的定价，是比常规公交票价略高，以服务市民日常出行为基调的公交出行服务，一定程度上受当地政府交通部门的管辖，定价也是范畴限制，具备一定社会经济属性。

五、市场定位不同

网约车对标的是出租车，提供的是以盈利为目的，类似于出租车的线上叫车服务，客户群体相对更广泛，也更多样化。

动态公交是作为常规公交的补充，本质上是城市公共交通服务出行工具，服务于市民的日常通勤或闲时出行需求。

六、平台运营模式不同

网约车按客户群体商业模式不同可分为B2C模式、C2C模式和综合模式，传统出租车以B2C模式为主，现代网约车则以C2C模式为主。这里B指Business企业端，C指Customer用户端。

B2C模式如传统出租车、曹操专车、享道出行、东风出行、长安出行、有鹏出行等，这些多为谋求转型的传统车企采用重资产的运营模式，以自有车辆和自有司机为客户提供标准化服务，本质是城市交通体系的一环，服务质量一般更优质稳定，主打中高端市场，具有与汽车制造业务的协同效应以及较强的品牌效应。

C2C模式，如美团打车、优步中国等，公司仅为第三方服务平台，通过网站或移动端App将有用车需求的用户和汽车服务提供商进行匹配并形成交易。车辆和司机来源于汽车租赁公司（B2P）或私家车辆接入（P2P），优势是轻资产运营，更为灵活，体现了较为纯粹的共享经济理念。

综合模式，主要代表如滴滴出行、神州专车、首汽约车等。

网约车的出现分流了大部分传统出租车用户，网约车通过出行平台，让乘客线上下单，平台收集到乘客乘车需求，通过算法服务、定位技术和数据分析匹配最合适的司机，将出行订单派送给司机，司机接收到相应的信息后随即开车前往接送乘客，订单完成时乘客进行付费，平台从中抽取相应的提成。

而优点推出的动态公交，主要还是B2C模式，整合公交的运力资源，通过平台即时收集用户的出行需求，后台通过算法匹配出行订单，从前面提到的服务群体范围以及市场定位和定价来看，动态巴士在经济成本和社会效益方面更胜一筹，是未来交通良性可持续发展的民生交通事业。

▶▶▶▶ 第四章

动态公交的市场理论分析

改革开放40多年以来，城市公共交通在社会发展中为广大人民群众提供了便利的出行服务，对保持社会和谐稳定发展起到了重要的支撑作用。但城市公共交通作为一个社会性、公益性、基础性和服务性的特殊行业，主要依赖地方政府的财政支持，受行业管理及法规建设、城区规划、地区经济和客运市场的发展空间及企业自身的历史状况的影响，有不少城市公交经营困难，发展缺乏资金，以及传统的定制公交的一些产品缺少灵活性，亟待通过产品创新及市场化改革来适应时代发展。国有公交企业的改革和发展，应遵循适应城市客运市场需求这一原则，作为改革和发展的方向。

动态公交作为传统公交的一个创新产品，区别于传统公交的定制定线，可以实现预约随需出行，并通过后台一系列大数据算法实现全域动态的分配，实现乘客出行和车辆运营的高效利用。以下我们分析下动态公交的市场化前景。

第一节　动态公交供给特征分析

动态公交是一种新型的公交模式，以满足乘客需求为导向，为乘客提供量身定制的交通服务，乘客参与决定起点、终点、方向和时间。需求响应公交作为一种新型的公共交通模式，是整个公共交通系统的一部分，是城市轨道交通、常规公交系统的辅助和补充，是供给侧结构性改革在公共交通领域的体现。同时，作为道路客运的一部分，需求响应公交与快速公交、常规公交、网约车、出租车等在服务定位、运营方式、出行特征、服务质量上均有着很大区别。

传统的公交特点是：定线路、定时间、定站点、定票价（“四定”），完全的集约化模式，乘客之间没有排他性，行车路线不由乘客决定，可描述成“人找车”模式。

传统的出租车特点是：预约或者扬招，完全个性化，点到点，最短路，行车路线由乘客决定。

需求响应公交特点是：Demand Responsive Transit（DRT），介于完全个性化与完全集约化之间：不定点、不定线、不定时、动态票价（都不定），乘客通过平台提出带有时间窗的出行OD需求，车公司通过平台派车接送，不是一对一的出租车模式，是一车接送多人的“车找人”模式。

定制公交特点是：在一段时间（如一个月、一周甚至一天）内可以开出相对稳定的线路，为乘客提供定制服务，即所谓的定制公交。不能实时变线。

从运营服务随需求变化的灵活性度看，灵活性最高的是出租车，4人之内同时乘坐，同起终点；其次是拼出租，包括网上拼车，基本都是5座以下车辆；最后是需求响应公交。

以上模式都可以形象地描述为“车找人”，都可以称为需求响应服务。需求响应公交=预约式灵活公交，简称灵活公交、动态公交、网约公交。

需求响应公交与传统定制公交最大的区别即实时性。与传统定制公交至少提前一天收集需求然后发布线路不同，需求响应公交则是按照乘客实时出行需求，及时响应，重点满足提交需求后1—15分钟内的出行需求，实时性极强。当然，需求响应公交也包括提前预约，但确定服务的响应时间可能会很长，需要匹配客流。需求响应公交的灵活性介于出租车和定制公交之间。

一、按需派车管理

传统公交管理模式是固定线路、固定站点、固定按时间发班次，车辆调度征派也是常规传统固定派车，而这种模式对出行客源平高峰都是一个模式，没有灵活变动，车辆运力资源没有进行灵活调配，单纯公交企业的单方面服务供给带动乘客出行需求，建设和运营成本都很高，也不利于长期发展。

动态公交可根据民众的出行需求进行按需调配车辆资源。比如通过提前收集乘客需求或者在平台实时接收乘客的出行需求，通过后台拼单算法或者排班算法及数据分析，进行需求的合理资源匹配，包括车辆的安排、路径的规划。由于实现了按需派车，取代了传统公交的固定资源投放，从而高效利用资源，一定程度上减少了车辆调度成本，同时也更方便了市民的出行体验。

二、高平峰车灵活分配

公交客流有高平峰的划分，针对客流量，人多的时候为高峰期，通常是每天的上下班的时间段，而平峰就是客流量少的时候，如上午、下午、晚上非上下班时间点以及凌晨等时段。平峰期的客流量一般是非常少的，而这个时段如果采用传统公交模式，车辆还是固定线路固定时段跑，很多时候从起点到终点车辆可能一个人都没有，不仅造成车辆能源油耗的浪费，也一定程度造成污染排放，是不可长期持续发展模式。

而动态公交按需响应，通过平台收集乘客的需求，这些需求数据通过采集到后台进行数据分析加工，从而可以分析车辆载客的高峰和低峰，针对高低峰的站点或者线路、车次进行合理的调整，高峰能分流或者优化，低峰能充分利用或者提高上座率等等方案，从而实现车辆的灵活分配、线路规划的合理运作。

通过对传统线下的资源调拨转到线上通过一系列数字化手段实现高平峰车灵活分配，从而充分合理利用资源，是长期可持续的发展创新模式。

三、车辆资源充分利用

由于实现了按需派车管理及高平峰车辆资源可以进行针对性的均衡调整，使车辆资源得到充分利用，不用担心车辆空运或者闲置问题，使资源能够适应市场需求，根据市场进行调配，从而最大化利用运力资源，一定程度上节约成本，提高效益，是经营市场化的必然趋势。

车辆资源充分利用和调拨，一定程度上也能减少车辆拥堵和污染排放，也更方便民众出行，体现了社会和谐发展，具有很好的社会效益和经济效益。

第二节　动态公交需求特征分析

动态公交是基于公交的共享拼车，将共享拼车出行与大容量公交结合起来，由营运公司提供按需出行服务，通过智能算法对出行线路进行优化调度。动态公交具有三大特点“共享拼车、智能调度、无缝衔接”，其中共享拼车是手段、智能调度是核心、无缝衔接是目标。在未来，动态公交出行将构成出行板块重要的版图。一方面吸收大量5公里以内的短途出行，另一方面为中长距离出行提供最后一公里服务。

用户需求主要基于用户出行出发地、出行时间、出行目的地，以及结合车辆当前位置、空余座位数等进行综合评估分析。通过这些需求的实时收集，再结合后台一系列算法实时动态规划公交车辆行驶路线，为乘客提供接近点对点的出行模式。

一、目的地信息需求特征

出行者出行时存在着出行目的地的选择。自出发地到目的地间交通的便捷性如行程时间、停车条件、换乘条件、可达性和目的地的服务条件等信息，都将影响到乘客对目的地的选择。

二、交通方式及出行路径信息需求特征

乘客采取何种交通方式，选择怎样的出行路径，取决于交通系统中各种交通方式的方便性和及时性，以及可获得的交通信息的范围和详细程度，如：停车及交通换乘点的信息，可选择路径的交通状态信息以及突发事故信息等。因此，需要提供可利用的交通方式和行驶路线，如地铁、轻轨、

公共汽车、高架道路、平面道路的交通状况（堵塞状况、突发事故发生与否、行程时间等），以及目的地（或交通换乘点）周边的交通设施（停车场）和可利用的公共交通站点（步行距离和发车频率）情况等。

三、出发时刻信息需求特征

乘客何时出发，往往是由经验来决定的，过早到达目的地或迟到的现象屡屡发生。因此，对乘客而言，若能有交通网的交通状态信息（行程时间、公共交通到站与发车信息以及突发事故信息）将可以避免出行时间的盲目性，对于提高出行效率、改善交通网的交通堵塞皆具有极其重要的意义。

乘客获取交通信息的目的是减少出行的不确定因素，减轻紧张程度，希望降低交通拥挤、堵塞对出行的影响，以便节省行程时间，更好地安排行程。在经常产生交通拥挤、阻塞的路段或者区域，他们更希望获取该路段或区域交通信息，便于在可供选择的路径和方式中进行选择。

第三节　动态公交服务特征分析

近年来，随着优先发展公共交通作为国家层面的交通发展战略被提出，许多城市都在积极响应和推动公交优先战略的实施，但实践结果表明，大部分城市公交服务水平提升不明显，公交吸引力和分担率没有得到良好改观。公交优先政策措施是提升公交服务水平，优化城市交通方式结构的重要手段，但目前的研究更多关注的是公共交通设施供给层面，而缺乏对居民出行行为特征的分析，尤其是对居民出行方式的分析。动态公交居于居民出行行为特征的分析，按需高性价比共享出行。

出行行为特征分析即从出行行为的角度，利用基于出行和活动的分析方法，研究城市居民公交出行的特征，挖掘其潜在的规律性，同时对公交服务的时空范围以及公交需求状况进行研究。

一、公交出行时间特性分析

出行时间特性是出行行为研究的重要方面，本章根据采集的公交出行调查数据，研究公交出行的时间特性，包括公交出行到发时间分布、公交出行的时耗分布、平均时耗、高峰时段和非高峰时段公交出行时耗分布的差异性等。

1.公交出行到发时间分布

分别从出发时间、到达时间这两个角度，按半小时分段统计公交出行在各个时间段的出行比例分布。图4-1为公交出行的出发时间和到达时间分布图。

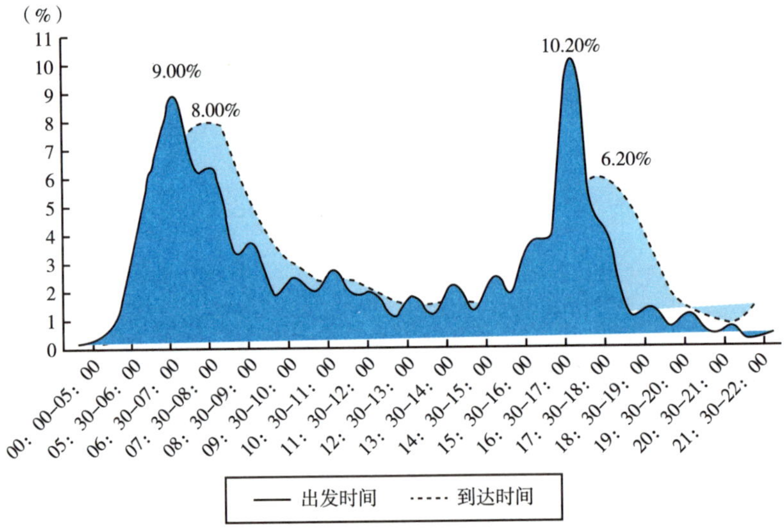

图4-1 公交出行到发时间分布

公交出行出发早高峰时段在7：00-7：30，占全天公交出行总量的9.00%。

而公交出行出发晚高峰时段在17：00-17：30，占全天公交出行总量的

10.20%。在高峰时段的前后半小时内，出行量仍然较大。

公交出行到达早高峰时段在8：00–8：30，占全天公交出行总量的8.00%。公交出行到达晚高峰时段在18：00–18：30，占全天公交出行总量的6.20%。在高峰时段的前后半小时内，出行量也相对较大。

进一步从图中可以明显地看出：在一日24小时内，7：00–9：00和17：00–19：00，公交出行出现明显的高峰，其余时段公交出行量相对较少。其中上午时段，公交出行集中在7：00到7：30之间出发，在8：00到8：30之间集中到达目的地，而在下午时段，公交出行集中在17：00到17：30之间出发，在18：00到18：30之间集中到达目的地。对比公交出行出发时间和到达时间的分布可以看出，出发时间高峰时段持续时间较短，而到达时间的高峰时段持续时间较长，这主要是实行错峰上下班造成的，由于上下班的时间不同，从而使得到达和离开单位的时间不同，同时出发时间还受出行距离的影响，因此，高峰时段相对比较集中。

7：00–9：00和17：00–19：00出现持续出行高峰的主要原因是这个时段是通勤出行的高峰时段，这与我国现行的上下班以及上下学时间制度是分不开的，所以要缓解高峰交通拥挤，可以实行错峰上下班或者弹性上班制度。错峰上下班的目的是从时间上调整通勤出行的交通需求，将一天内一个较大的交通高峰分解为几个较小的交通高峰，从而在时间上均衡交通流，缓解交通供给与需求之间的矛盾。

2.公交出行时耗分布

对居民出行的调查中，在非机动交通方式中，步行出行的平均时耗为17分钟，自行车的平均出行时耗为22分钟；机动车方式中，公交方式出行的平均时耗为70分钟，地铁为73分钟，出租车为38分钟，班车为58分钟，小汽车为44分钟。这说明非机动方式在出行时耗上是有一定的承受范围的，当超出其所能承受的范围时，其出行方式向机动车方式转移；而在机动车方式中，出租车出行时耗较短，而公交和地铁出行时耗较长，这与道路交通的服务水平以及出行距离的远近是分不开的。

下面进一步对公交出行的时耗分布进行研究，通过对时耗分段，统计不同时耗段内出行次数所占的比例，统计结果如图4–2所示。

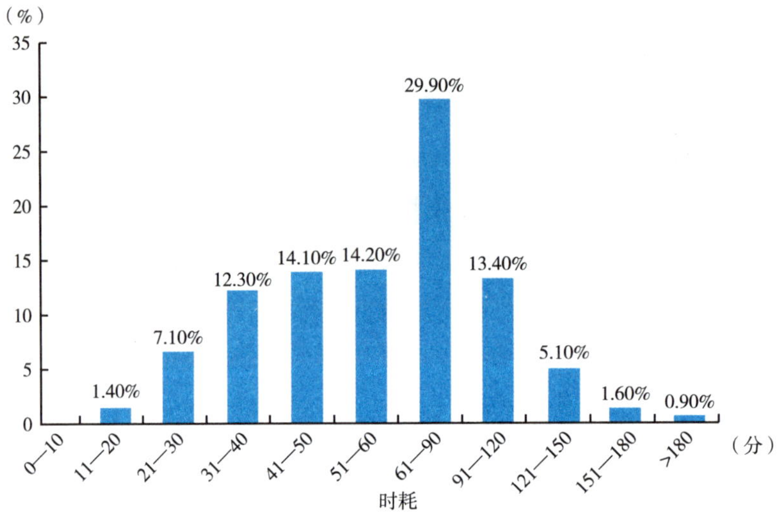

图4–2 公交出行时耗分布

从图4–2中可以发现，时耗在0—90分钟内的出行中，随着时耗的增加，公交出行量逐渐增加，在90分钟以上的出行中，随着时耗的增加出行次数逐渐减少，其中在61—90分钟内的出行量所占的比例最大，为29.90%，这说明公交出行的时耗相对较长，这一方面在一定程度上说明了公交出行的距离较长，另一方面还可以看出公交的服务水平还有提升的空间，有待于进一步提高公交的速度，减少旅客中途的换乘时间，从而缩短旅客的出行时耗。

3.不同时段公交出行时耗

前文主要对一日24小时公交出行的时耗分布进行了研究，下面在一日24小时中，分别对高峰时段（7：00–8：00和17：00–18：00）和非高峰时段（除7：00–8：00和17：00–18：00外）公交出行的时耗分布进行研究，从而进一步掌握在不同时段公交的服务水平。

高峰时段和非高峰时段公交出行时耗分布如图4–3所示。

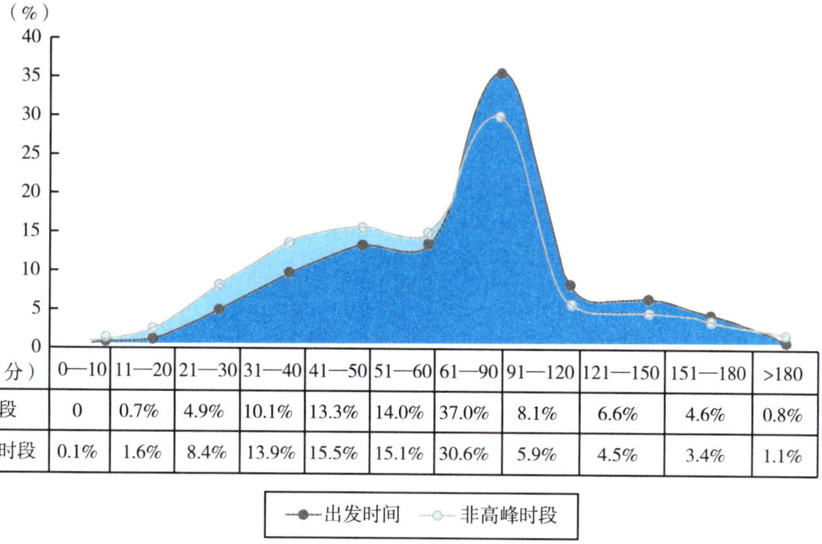

时耗（分）	0—10	11—20	21—30	31—40	41—50	51—60	61—90	91—120	121—150	151—180	>180
高峰时段	0	0.7%	4.9%	10.1%	13.3%	14.0%	37.0%	8.1%	6.6%	4.6%	0.8%
非高峰时段	0.1%	1.6%	8.4%	13.9%	15.5%	15.1%	30.6%	5.9%	4.5%	3.4%	1.1%

图4-3 高峰时段与非高峰时段公交出行时耗分布

从图4-3中可以看出，高峰时段和非高峰时段公交出行时耗分布曲线在60分钟附近有一个交点，而在60分钟以内的出行中，非高峰时段的公交出行时耗分布曲线位于高峰时段公交出行时耗分布曲线的上方，而60—180分钟内的出行中，非高峰时段的公交出行时耗分布曲线位于高峰时段公交出行时耗分布曲线的下方，这说明非高峰时段道路较为通畅，道路拥堵情况较高峰时段得到缓解，出行时耗普遍低于高峰时段的出行时耗。

从上面的分析可以看出，公交的服务水平还有待进一步提高，特别是高峰时段，要进一步利用好公交专用道，提高公交自身的服务水平以及公交站台的服务水平，从而缩短公交出行的时耗，增加公交的吸引力。

4.不同时段行程速度差异

速度是反映城市道路拥堵状况以及衡量一种交通方式服务水平的重要指标，以居民出行调查数据为依据，进一步分析市城区使用公交出行和小汽车出行各时段速度。一般城区公交车辆运行速度曲线走势平缓，基本上没有波动，这主要是因为在高峰时段城区公交设置了专门优先车道，有力地保证了公交车能以一定的速度运行。

此外，城区小汽车在早晨7点之前和晚上8点之后都基本能保持在20千米/时以上的运行速度，主要是由于这两个时段道路交通状况相对较好。在7：00–20：00这一时段内，由于路面交通流量大，交通情况复杂，城区小汽车运行速度基本都保持在20千米/时以下，其中以晚高峰时段（17：00–18：00）车速最低，仅为16.31千米/时，中午12：30–14：00这一时段由于路面车辆相对较少，车速高于20千米/时。

对比公交和小汽车出行速度可以发现，在分析的时段内，公交运行的速度明显低于小汽车的速度，小汽车在出行速度上体现出显著的优势。虽然公交在一日出行中速度变化不大，但是与小汽车还有很大差距，因此，还有待进一步保证公交运行的速度，减少公交在站台停靠的时间以及在交叉口和运营路段的时间延误等，缩短公交出行的时耗，增加公交与小汽车的竞争力。

二、公交出行空间特性分析

根据市民的出行数据，研究公交出行的空间特性，包括公交出行的平均距离以及距离分布特征等。

1. 平均行程距离

平均行程距离和平均出行距离可以从总体上反映出行的空间特征。通过不同交通方式出行的平均行程距离和平均出行距离的对比分析，可以进一步掌握公交出行的基本特征。不同出行方式的平均行程距离和出行距离如表4–1所示。

表4–1 不同出行方式的平均行程距离与出行距离

交通方式	行程距离	出行距离	交通方式	行程距离	出行距离
步行	1.0	1.0	出租车	8.7	9.2
自行车	2.9	2.9	班车	15.9	16.2
地铁	1.0	15.2	小汽车	11.6	11.8
公交	6.7	10.1	—	—	—

从表4–1中可以看出。公交出行的平均行程距离为6.7公里，而平均出行距离为10.1公里。这说明公交出行距离与行程距离相差较大。这主要是预约公交出行涉及不同通配以及不同方式之同的换乘。从而使得平均行程距离与平均出行距离相差较大。在其他几种交通方式中，除地铁外，剩余几种交通方式的平均行程距离与平均出行距离之间相差较小，说明在这几种交通方式中换乘的距离相对较小。

此外，对比各种交通方式的平均出行距离可以发现，步行和自行车的出行基本上都保持在3公里左右，而其他机动车方式的出行距离基本上都保持在10公里以上。这说明机动车方式和非机动车方式在不同的出行距离中发挥着各自的优势。

2. 距离分布

下面进一步分析公交出行距离分布情况，如图4–4所示。

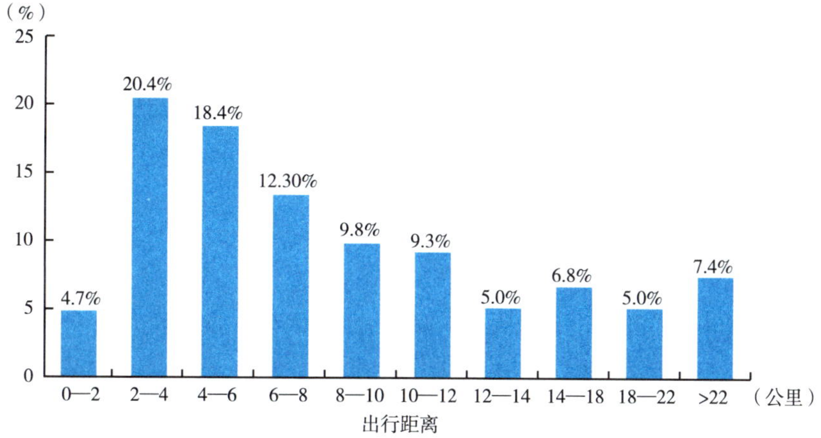

图4–4　公交出行距离分布

从公交的出行距离来看，2—4公里的出行所占比重最大，为20.4%，约占1/5，随着出行距离的增加，其出行量所占的比重逐渐减少。同时可以发现，公交出行基本上都集中在2—12公里，其所占比重为71.3%，这说明公交方式更能吸引出行距离在2—12公里的出行，而2公里以内短距离的出行更倾向于选择步行和自行车方式，12公里以上的出行会选择小汽车、地铁、班车或者其他的交通方式。

从上面的分析可以看出，公交出行的空间范围主要分布在2—12公里，在这个范围内公交凸现了其优越性，但结合公交分担率来看，在这个距离范围内，公交还有待于进一步提高服务水平，加强公交与其他方式之间的优势对比，而目前公交一卡通政策极大地鼓励了公交出行所占的比重，这仅仅是在出行费用上展现了公交的优势，只是一种暂时的政策，还没有从根本上提高公交竞争力，有待于进一步完善公交的服务质量，提高公交出行的舒适性、准时性、可达性。

三、公交出行换乘特性分析

居民出行时，由于交通工具的可达性不够强，出行者往往需要换乘其他线路（如公交出行时从16路换乘到601路，地铁出行时从1号线换乘到2号线）或者换乘到其他交通工具（如公交换乘到地铁）。因此，换乘次数的多少充分体现了一个城市交通系统的可达性以及服务水平；对换乘的研究，有利于我们改进交通服务质量，真正实现交通规划的以人为本。

1.公交换乘系数

换乘系数是衡量乘客出行直达程度的指标，其计算公式可以表示如下：

换乘系数=（乘车出行人次+换乘人次）÷乘车出行人次

换乘系数越大，说明市民出行的直达性越差，出行成本越高；但是，换乘系数过小，又可能导致车辆运营线路重复度过大，造成资源的浪费。因此，城市道路交通规划设计规范（GB50220–95）规定，大城市乘客平均换乘系数不应大于1.5，中、小城市不应大于1.3。

根据最近居民出行调查数据显示，居民全方式出行平均换乘系数为1.39，公交出行平均换乘系数为1.31；即对于居民而言，当其采用公交出行时，每出行3次，平均就有1次换乘。

对公交出行换乘的分析过程中，从出行者家庭拥有小汽车的情况和出行起讫点的分布情况入手，分析不同属性群体出行换乘的次数分布情况。

表 4-2　　公交换乘次数分布情况

属性		无换乘	1 次	2 次	3 次	≥ 4 次	合计	换乘系数
有车户	区内	79.03%	19.18%	1.71%	0.08%	0	100%	1.25
	跨区	61.98%	30.99%	6.20%	0.83%	0	100%	1.52
无车户	区内	75.21%	22.09%	2.46%	0.23%	0.01%	100%	1.30
	跨区	56.45%	34.96%	7.58%	0.73%	0.28%	100%	1.61

注：区内指使用公交出行由城区到城区或者由远郊区县到远郊区县；跨区指使用公交出行由城区到远郊区县或者由远郊区县到城区；有车户指家庭拥有小汽车的群体；无车户指家庭没有小汽车的群体。

表 4-2 所示为公交出行换乘次数分布情况数据分析。根据出行者家庭是否拥有机动车辆、出行范围是区内出行还是跨区进行分析，发现当个体家庭车辆拥有属性相同时，区内公交出行直达性高于跨区出行，而当出行空间性质相同时，有车家庭居民公交出行直达性高于无车家庭。

2. 换乘时间分析

根据抽样调查样本数据分析，居民公交之间的换乘次数为 13127 次，并且公交是一种大众的交通方式，因此公交之间的换乘是一种非常典型的换乘方式。下面通过对公交之间的换乘时间分布进行分析，研究目前公交之间换乘的服务水平。

通过采样数据统计计算，公交出行的平均换乘时间是 5 分钟，相对较长。公交之间的换乘时间分布如图 4-5 所示。

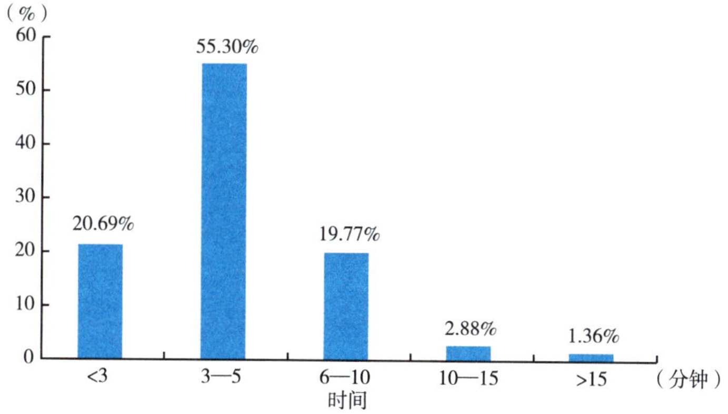

图 4-5　公交出行换乘时间分布

从图4-5中可以看出，公交换乘出行中，3—5分钟的换乘次数最多，占总换乘次数的50%以上，而小于3分钟的换乘次数和6—10分钟的换乘次数均占20%左右，而大于10分钟的换乘次数很少，不到5%。因此，公交之间的换乘时间主要分布在10分钟以内，3—5分钟的换乘情况比较普遍。

3. 换乘距离分析

换乘距离也是反映公交线路之间接续状况的一个重要方面。通过对公交出行的换乘距离进行统计分析可知，公交之间的平均换乘距离是255米，而公交出行的换乘距离分布如图4-6所示。

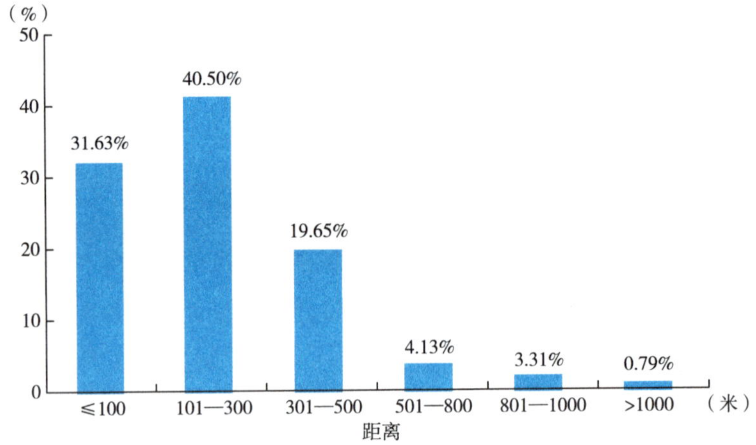

图4-6　公交出行换乘距离分布

从图4-6中可以看出，大部分公交出行的换乘距离都分布在300米以内，300米以内的换乘占据总换乘次数的70%以上，大于300米的换乘次数随着距离的增加逐渐减少。但相对而言，300米以上的换乘次数所占的比重仍然比较大，公交还有待于进一步优化线路，方便城市居民的出行。

总之，公交之间的换乘时间小于5分钟的占70%左右，而换乘距离在300米以内的换乘也占了约70%，但是目前这种状况还不能满足出行者日益增长的需求。公交出行是一种比较普遍的出行方式，因此还有待于进一步完善公交设施设备，提高公交之间的换乘服务水平，从而全面提高公交的整体服务水平。

通过前面对公交服务特征的分析，针对传统公交的服务特点，动态公交做了一些创新改进，该服务特征主要有以下6点。

1.按需出行服务

动态公交与传统定制公交最大的区别是实时性，传统公交主要是定线定时定点定频进行发车，而乘客的出行需求，往往是个性化、多样化的，如出发点跟公交站点的距离远近、出行时间的安排往往跟传统公交不能经常一致，导致用户无法体验公交服务，需要花更多的费用或者更多的时间去解决出行需求。动态公交按照乘客当前实时出行提交的需求，提供实时响应，重点提供提交需求后1—15分钟内的出行需求，实时性强。

而传统公交需要至少提前一天收集需求然后发布线路，形成线路需求，而且收集的线路需求一旦确定，常常会保持一段时间不变，不会轻易调整，不像动态公交随时响应，随时调整。

针对乘客即时的出行调整需求都可以即时响应并提供即时到站服务，如加班错过班车、常规公交站点距离过远、等不到车等种种场景问题，都可以在动态公交中体验到随需出行服务。

2.一站直达

常规公交线路一般只规划设计了一些常见站点的覆盖，但乘客出行会有一些站点常规公交无法满足，乘客就需要中转公交搭乘，或者寻找其他交通方式，而动态公交能根据乘客点到点的出行需求进行匹配，一站直达，极大提升了乘客的出行体验，为乘客提供更好的出行服务。

3.集约共享出行服务

动态公交还有一个特色服务就是共享拼车，乘客在平台发起出行需求后，平台会对出行需求数据进行一系列后台算法匹配，将同时间段、同路径或者一定尺径相似路径的乘客订单需求进行拼团，并能一定程度根据拼团人数减少票费，提供比网约车更优惠但运量更大的出行服务。

4. 需求提前预约

动态公交除了实时响应当天即时提出的需求进行响应式拼车服务，还支持乘客提前预约出行需求，像预约门诊服务一样，出行也可以提前预约。

对乘客而言，一次出行涉及出行目的、交通方式、出行路径、出行费用、出行时刻的选择，这些选择在出行途中可能会发生动态变化。乘客可将这些出行需求录入平台，提前预约，平台后台将会针对这些需求根据算法进行资源的匹配和整合。如乘客选择上车点时，系统会自动定位到乘客所在位置，根据乘客出行时间、线路进行周边出行订单的拼团组合。

5. 一站直达无须换乘

动态公交根据录入需求，进行线路选择，线路会根据输入的站点进行规划，保障一站直达目的地，无需换乘。

这也在一定程度上为用户节约了时间，减少换乘的不便，提升了乘客出行体验，更符合公交市场的长远发展。

6. 精准匹配资源共享出行

乘客的出行需求录入平台后，后台将运用一系列算法匹配各乘客的出行时间、目的地、出行路径，数据积累到后台大数据池进行资源的匹配，如同时刻同路径出行的可以拼单出行，或者距离较近的在不影响乘客体验的基础上的短距离绕路，以及拼单人数的匹配，从而保障乘客共享出行能高效精准匹配，以达成最优性价比的出行服务。

第四节　预约出行将成为公共交通的主要模式

从近几年的交通状况来看，拥堵一直是交通的痛点和难点，交通拥堵每年给城市也带来了巨大损失。

据统计，全国667个城市中，约有2/3的城市交通在高峰时段出现拥堵。

根据中国科学院可持续发展战略研究组组长、首席科学家牛文元的相关研究，国内15个100万以上城区人口规模的主要城市每天因交通拥堵和管理问题造成的损失接近10亿元人民币。百度地图相关研究报告显示，以北京市为例，因交通拥堵造成的额外经济损失为人均4013.31元/年。拥堵降低了出行效率，导致能源消耗增加、环境污染加重。

“城市交通拥堵产生的原因，除用地布局失衡、交通结构不合理、交通设施不足外，主要是需求时空不均衡导致的供需失衡。一方面，出行需求的不确定性增加了交通管理和资源配置的难度；另一方面，出行者无法获取准确的等待时长和拥堵消散时间，除了等在路上，别无他法。”

目前，要缓解交通拥堵，一个很重要手段是在把控供需信息的前提下，通过需求调节和资源优化配置，建立和维持供需平衡。

中国的医院在实行预约挂号后，减少了在医院排队挂号的无效等待，降低拥挤程度、缓解了医疗资源和医院停车设施等资源紧张情况。除了预约看病，预约买票等都是预约方式，城市交通同样可通过预约提前安排个体的出行计划，避免盲目出行和无效等待，缓解高峰时段交通压力。这就是预约出行的方向思路。

预约出行模式是在信息和通信技术支撑下，通过精准的需求调节和资源优化配置，在随机开放的城市交通系统中实现供需平衡，避免盲目出行，将行程中无意义的拥堵排队转变为在家提前预约下单，到点再出发。

在未来信息化更加深入发展的时代，随着万物互联以及5G时代的全面到来，无人驾驶与车辆网等技术发展，出行行程全方位信息化、数字化，公众出行将会变得更加精准，更加可控，可以让乘坐公共交通工具也像坐专车一样便利、准时、高效。未来交通组织将是信息化支撑下高度组织化的系统，体现在定制化、需求响应、一体化出行服务、预约出行等方面。随着相关技术和理念发展，“预约出行”模式将成为未来交通发展必然趋势，是一种新型交通组织模式。

预约出行将带来各方面的效益和好处。

1.减少交通拥堵

如开展高速公路节假日预约，避免高速公路节假日拥堵；允许部分车辆在不影响公交车正常行驶的前提下通过预约使用公交专用道，提升公交专用道利用率。公交预约出行根据居民个性化出行需求，灵活调整公交运力，规划最优路径，快速进行公交资源动态调配，减少了公交空驶带来的浪费，实现成本更低、效率更高、服务更优，可以实现公交科学高效运行，并缓解公共交通资源和出行需求不匹配问题。

2.出行需求科学合理分配

乘客将出行需求通过预约方式提交到平台，平台收集了各乘客的需求后，在后台进行数据需求统一收集，并针对需求进行分析，通过后台一系列算法将同路径、同时段的需求匹配对应的运力线路资源，达成科学合理分配，从而避免车辆的空载或者资源分配的不平衡。

3.公交资源效能最大化

传统公交不论有无客流均按固定线固定时间分派，经常车辆只有少数几人甚至空载跑全程，车辆资源未能充分利用，也造成公交运营成本的负荷压力。而预约出行能够提前预知需求，对需求进行科学合理分配，根据需求量合理调配资源，从而最大化利用公交车辆资源。

4.社会效益明显

由于合理分配了资源，投入社会的运行车辆充分利用，一定程度上还提升了上座率，减少了空驶现象，减少了运营里程，也就一定程度减少了污染排放，间接缓解交通拥堵，乘客出行需求又能充分满足，带来的社会效益是明显的，让民众出行体验更好，社会发展更和谐。

第五章

动态公交的创新性分析

动态公交基于公交的共享拼车，提供比网约车运量更大、成本更低的按需出行服务，有别于传统公交，动态公交结合现代互联网、物联网、大数据等信息科学技术，根据乘客的实际出行需求，在大数据分析的基础上，进行了一系列模式创新，推出了动态定制、定线公交，为乘客出行提供更优质的个性化出行服务，为公交企业降本、增效、创收。

从乘客角度来看，动态公交比出租车、拼车更省钱，而且一人一座按需出行，比公交地铁更方便；针对公交企业来讲，由于采用了创新，充分利用公交车闲置资源，结合先进技术，利用算法匹配等减少车辆投放和空驶，节约了运营成本，并精准匹配需求，提升企业盈利能力；从社会角度来看，动态公交采用按需出行、动态拼车线路规划，降低了公众交通出行成本，减少车辆出行道路占用，一定程度上缓解城市拥堵。

第一节　公交线路创新性分析

一、动态公交线路规划

一般公交线路规划设计需要考虑几个因素，一是规划设计要努力吸引乘客，确保公交运行效率，降低营运成本，从而减少公交体统耗费，提升公交公司效益；二是要优化城市人群出行方式，在规划设计过程中实现人们出行、交通布局和城市主体运行的统一，进而实现社会效益；三是能提高乘客舒适度，避免出行疲劳，促进社会财富创造，具体主要遵循如下原则：

1.线路规划设计要尽可能与城市居民流动走向相统一。

2.线路规划设计主要考虑沿线居民日常出行需求，如上班、上学等，同时兼顾其他。

3.进行新开线路规划设计时尽量避免调整原有公交线路，避免发生串联影响。

4.线路设计应尽量使公交线路网络上的点、线分局均匀，防止空白区出现。

5.注重与其他公交线路的衔接。

动态公交根据市民出行需求，从需求与定制两个维度，合理调配常规公交运力，为市民出行提供点到点的个性定制公交线路，通过科学精准规划线路，使公交运力资源合理高效分配。主要通过如下几个方面进行科学精准线路规划。

1.收集乘客出行信息及需求

利用互联网信息技术及各种渠道收集乘客出行需求，如用户输入调查信息、地图路网、视频监控、移动终端、社交媒体和网络等信息技术，进行乘客出行需求的收集，然后将这些收集的需求统一汇聚梳理。

2.聚类分析出行需求

根据收集的用户出行需求，运用大数据分析算法，如聚类分析、数据挖掘算法，对用户的OD需求进行聚类分析和展示，对用户出行需求旺盛区域进行智能化站点选取和线路开设，实现以用户需求为驱动，由用户自主发起和定制线路。

3.利用大数据分析技术进行智能分析和线路规划

根据早晚高峰时期出行需求及客流量设定线路起止点，再根据各起止点规划合理的行车路线。如通过收集采集深圳通数据，对乘客上车站点及预测下车站点的OD信息，形成客流OD图，如图5-1所示。

根据这些自下而上的需求整合收集，形成动态公交线路规划，实现按需线路规划，合理线路开辟，充分利用出行资源，使资源得以最大化利用。

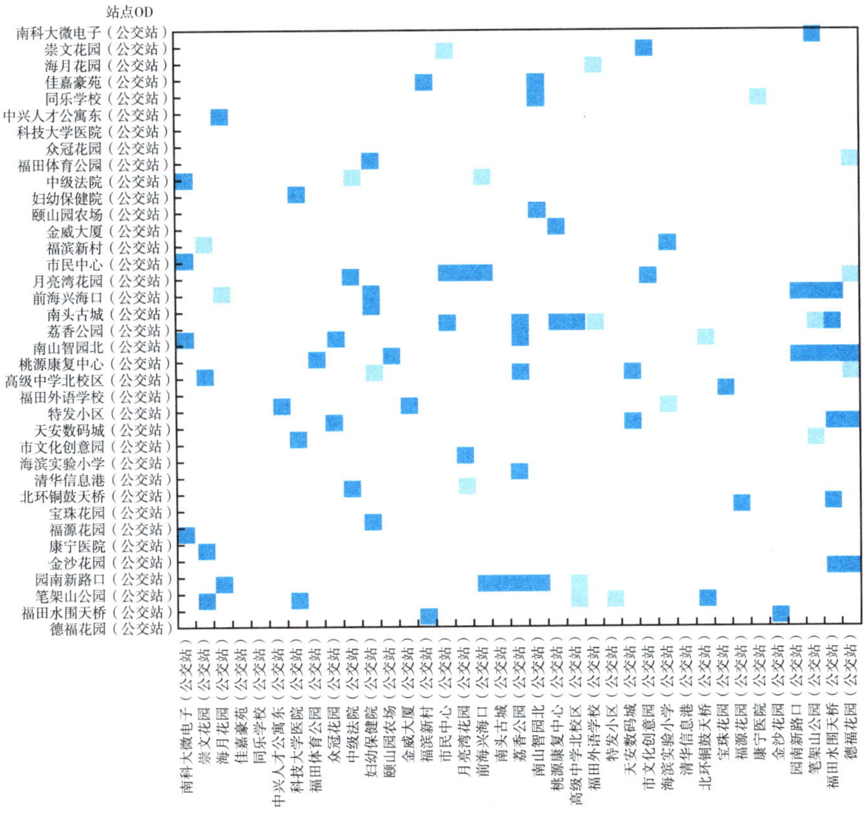

图5-1　站点OD数据示意图

二、按需线路运营

传统公交线路运营一般更多在于人工凭借经验的调整或者根据乘客的投诉反馈来针对公交线路进行调整，如减少复线、绕圈等，而这种往往带来运营的滞后性以及调整的复杂性。如对运行长里程线路、期间乘客等车时间如何、客流是否密集、车辆运力是否足够等没有很好地评估，从而导致整体公交线网规划不合理、不科学。

动态公交突破传统公交线路运营的弊端，结合数字化技术进行运营模式的创新改造。根据乘客出行OD需求，将乘客需求的起点和终点数据录入系统后台，利用可视化视图，形成需求数据可视化，如图5-2所示。

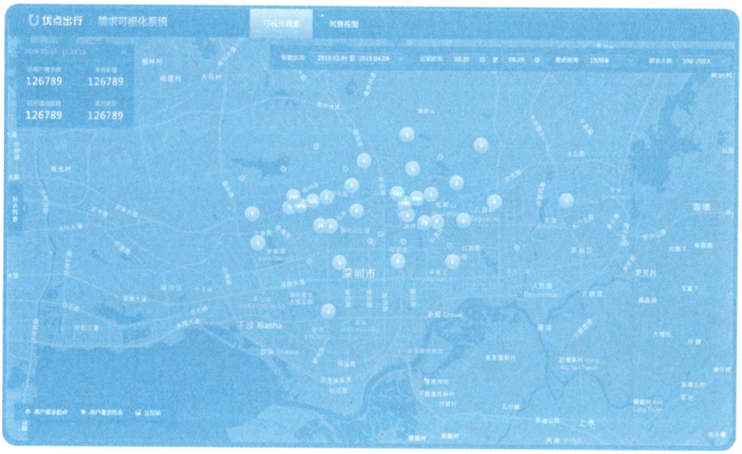

图5-2　出行OD需求可视化

深蓝色代表需求起点，浅蓝色代表需求终点，然后根据这些起点和终点的数据，利用算法生成线路。包括可以针对可视化图形进行分析半径的调整，从而将多个相近距离的需求起点或需求终点进行站点合并，再根据起点和终点进行线路规划生成。

生成的线路还可以在可视化系统上进行开线方案预生成演示，从而直观展示线路生成情况，并帮助公交企业针对线路运营进行科学合理决策，实现按需有效运营，充分合理利用资源。

线路运营过程中，每日监控线路运营情况，包括站点位置、到站时间、站点客流等，收集乘客提出的优化数据，结合承运方的资源情况，协调承运方及乘客需求确认优化方案，运营过程动态针对优化。

若线路开通1—3个月内实时监控线路上座率长期低于某一特定值，则将及时进行优化调整，若线路平稳运营后上座率仍不达标，则从综合因素考虑将该线路更换或者撤消。

三、线路分级管理

从方便人们的出行以及道路管理等多方面因素考虑，交管部门会对线路进行分等级管理，分级方法包括：根据各公交车线路的长度、发车间隔以及公交车乘坐舒适度参数来设置各公交车线路的等级。

动态公交也有线路分级管理，根据需求规划好线路后，针对规划生成的线路进行分级管理，如按上座率的比率进行一定的划分，从而可以针对线路历史上座率趋势针对线路进行监控，保障线路的常态化稳定运营，如图5-3所示。

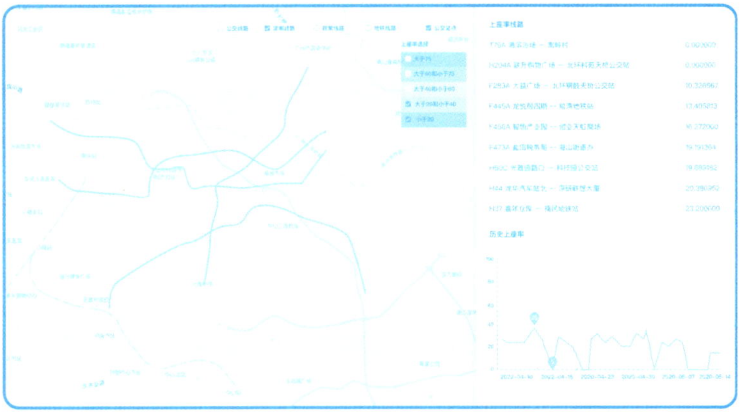

图5-3　线路分级管理

根据各线路的上座率数据，后台通过数字化技术、可视化技术针对线路上座率进行了分等级展示，分为5个等级区间：>75，60—75，40—60，20—40，<20，并以不同颜色标注，使全网的线路状况一目了然。

通过线路分级管理，能够对线路的负荷、线路的热点需求进行针对分析，提前规划容量和安排运载量，从而更高效运营，同时也能针对后续运营预测提供一定的分析参考，使线路运营合理化，科学管理。

四、公交线路创新价值

动态公交线路基于大数据分析及可视化等技术基础上生成的线路规划，极大地提高了人工生成线路的效率，且线路根据用户实际需求自动生成，线路规划更科学、合理，也更智能自动化，从而充分利用车辆资源，提高有效运行里程，减少公交运营成本，间接提高运营水平。

在线路规划积累的用户大数据基础上还可以做未来营运的预测分析，包括需求过载的仿真模拟，从而使公交企业能合理地规划未来车辆资源，高效运营。

第二节　公交站点创新性分析

常规公交站点是公交运输系统的重要组成部分之一，也是乘客和公共交通服务连接的纽带，但目前我国大部分城市的公交站点建设没有得到充分重视，存在包括站点选址不合理、站距不合适、换乘不方便、设施不完善等问题，这些现象除了政策、经济、管理等因素外，规划设计不足也是一个重要的因素。目前，我国大多数城市的公交站点500米覆盖率已经达到100%，但公交站点300米覆盖率一般只有60%—70%，动态公交站点可以作为常规公交站点的一种补充，有效地提高站点覆盖率。同时动态公交站点的设置不需要依赖常规公交站点，可以通过对客流、用户需求等数据进行模型分析，计算出更加合理的站点位置，并且站点的位置可以根据乘客的需求动态进行调整。相比常规公交站点，其设立和调整所需的时间通常也更短，能更快速响应乘客的需求，为乘客带来更优质的体验。

一、常规公交站点

虽然常规公交站点存在一些问题，但其有着较高的辨识度，同时各大导航软件都接入了常规公交站点的数据，使乘客能够非常轻易地找到正确的乘车站点。同时，常规公交站点设施相对完善，能为乘客提供较好的服务，选取常规公交站点作为动态公交站点的一部分是较好的选择。但对于一些客流较大的公交站，直接将其作为动态公交的站点并不十分合适。在客流高峰期，大量常规公交乘客聚集在公交站，使得站点十分拥挤，会降低乘客的候车体验。在这种情况下，可以利用动态公交站点的灵活性，将动态公交站点位置进行细微调整，比如在常规公交站点基础上，沿道路向前或向后移动一段距离。这样既能利用常规公交站点的高辨识度，又能避免站点过于拥挤导致候车体验的下降。

二、POI作为站点

POI是地址信息系统中的术语，是Point of Interest或Point of Information的缩写，通常翻译为兴趣点，泛指电子地图中的点类数据，包含名称、地址、坐标、类型等属性。POI可以是建筑、店铺、医院、加油站、公交站等可以被抽象成点进行管理、分析和计算的对象。市面上的各种电子地图或导航软件都有自己的POI数据，这些POI的数量、信息的准确性以及信息的更新速度，都会直接影响软件的好用程度。

POI除了带有位置信息外，还有分类体系，以高德地图为例，其分类体系分为23个大类、260+中类以及900+小类，覆盖非常全面，能够适应不同的应用场景。

目前，国内互联网电子地图POI数据在数据量、覆盖面、准确性、更新频率方面都是领先的，能够满足不同行为对基础POI数据的需求。比如，高德地图官方公布其国内POI数据量超7000万，海外超过1.2亿，数据覆盖全球超过200个国家和地区，同时实现了分钟级的更新；百度地图官方宣称全球POI数据超过1.8亿，同样实现了分钟级更新。

在选择POI点作为动态公交的站点时，可以根据POI的分类属性，挑选客流更容易聚集的POI，如大型商场、交通枢纽、医院、生活住宅、写字楼等，可以起到聚集客流、提高运输效率的作用。同时，使用POI作为站点，可以让司机和乘客双方更容易找到站点位置，减少乘客和司机的沟通成本以及乘客的候车时间。根据滴滴提供的数据，滴滴平台上超过30%的司机和乘客根据地图上的POI，不需要通话就能找到对方，司机通话量平均下降10%，乘客等候时间平均减少1分钟。

三、合乘站点选址方法

传统公交站点和POI点作为动态公交站点都是基于已有的地理数据进行选择，合乘站点的选择与这两种方法有根本的区别。合乘站点选择需要先收集用户出行的需求数据，对大量用户的出行需求进行数据分析、聚合等处理，并结合地理数据进行调整，最后得到站点的位置。

用户出行需求数据的获取方式有很多种，包括从出行服务获取用户出行数据；根据公交IC卡数据进行分析；分析出租车载客记录；进行问卷调查等。获取的出行数据包含出行的起终点、出行时间等。

从获取到的出行数据分析出合乘站点的大致思路如下：

1. 数据清洗

从时空分散的数据中筛选出时间、空间趋势接近的数据，并剔除掉脏数据以及时间和空间都比较孤立的数据，异常的数据对后续分析有一定影响，因此良好的数据质量对分析结果也起到较为关键的作用。

2. 通过聚类（Clustering）算法对数据进行聚类分析，对需求点进行划分确定合乘站点的初步范围

聚类分析是整个数据分析过程中最重要的一步，聚类分析又称群分析，是按照某个特定标准（如距离）把一个数据集分割成不同的类或簇，使同一个簇内的数据对象的相似性尽可能大，同时不在同一个簇中的数据对象的差异性也尽可能大。即聚类后同一类的数据尽可能聚集到一起，不同类数据尽量分离。聚类分析本身不是一种特定的算法，它可以通过不同的算法来实现，这些算法不同之处在于它们对于“簇”结构的理解以及如何有效地找到这些集群。因为“簇”的概念无法精确地被定义，所以聚类的算法种类有很多，比较常见的有基于划分、基于密度、基于层次、基于网格、基于模型、基于图等方式进行分类。

在合乘站点分析中，我们主要选用基于层次的聚类算法进行分析，其

主要思想是先将每个需求响应点单独视为一个类簇，然后按照某种距离度量规则合并距离最近的两个或多个类簇，直到最后只剩下一个类簇时终止聚类。由于在该场景下，需求点与合乘站点之间的距离相当于乘客从起点步行至乘车点的距离，因此在算法中采用欧式距离（直线距离）或者曼哈顿距离可能会产生一些偏差，于是我们引入了乘客步行等时圈的概念。基本思路是采用基于乘客步行等时圈的聚合型层次聚类算法对需求响应点进行分析，获得若干个等时圈，判断等时圈之间是否存在交集，并对等时圈内的需求响应点进行划分，按照人数递减的规则进行聚类分析，从而确定合乘站点的个数和初步范围。

3. 站点具体位置确定

站点位置的确定需要经过一系列的步骤，首先从上一步生成的需求分类中剔除掉合乘人数过少、空间较偏的分类；再从剩下的每个分类中搜索出到该分类内每个需求点的时间均不超过一定阈值的位置，作为站点位置，如果某个需求分类中需求数量过多，并且相对较为分散，也可以将该分类进一步通过其他聚类分析（比如基于划分的k-means）分成2–3类，每个分类分别设置一个站点；在确定站点具体位置时，可以结合既有的交通设施，如果站点附近存在常规公交站点或POI等，可直接将站点位置设置成常规公交站点或POI的位置；最后还可以对不合理的站点，如十字路口附近站点等进行灵活调整。

合乘站点设置得是否合理对动态公交非常重要，若所设合乘站点过多，会导致车辆停站次数过多，停站时间变长；而站点设置过少，会降低线路的覆盖率，导致乘客数量减少、步行时间增加。因此站点覆盖率、乘客步行时间，应该作为参数在分析出行数据时予以考虑。

总的来说，不同的站点选择方法在应用场景和时机以及成本上会有所区别，公交站点和POI数据相对公开，获取比较容易，也不需要过深的技术，设立成本较低，适合开线之初的站点设立以及出行数据不足的情况下使用；而合乘站点需要大量出行数据以及一定算法能力进行支撑，适合在有一定业务基础的情况下结合用户使用情形，对前两种站点进行优化，进一步提升乘客的舒适度。

第三节　运营时间与排班创新性分析

在第一节中介绍了动态公交的线路是如何生成和运营的。不同于常规公交，动态公交没有固定的线路，而常规公交的排班依赖于线路，例如司乘人员、车辆都关联到线路，且每条线路的路况、客流不同，决定了动态公交的排班一定有别于常规公交。

公交的运营时间即乘客可触达公交这项服务的时间范围。从服务的角度来看，常规公交有首末班时间，在首末班时间里，公交服务是营运中的状态。动态公交在这个层面上，和常规公交是类似的，都有服务时间段的概念。但考虑到两者作用和目的的不同，这一点也可以是不一样的，因为常规公交有一个明显的功能聚客，特别是高峰期，常规公交的服务效率是非常高的。对于动态公交来说，它的聚客作用并不明显，高峰期的运营效率是低于常规公交的。然而，动态公交可以在平峰期发挥需求触发、灵活的优势，弥补常规公交平峰期空跑的缺点。

常规公交运营时间与排班

不同城市的公交公司的运营方式不完全一样，有些公交公司会提前制定排班计划，具体到每条线路的每个车次，应该由哪个司机和哪辆车跑，以及该线路上各方向的发车间隔应该是多少；有些公交公司则是当天才会制订后续两三个小时的排班计划，结合了当天的车辆供给和人员供给，更接近于实时调度；有些公交公司是直接流水调度，发车间隔相对固定，司机按顺序分配。

这些计划往往是某条或者多条线路分配一两个调度员，基于个人经验，调度排班耗时长、运力运量匹配不精准，存在一定的资源浪费。

1. 大城市公交排班现状

深圳市的公交智能化走在行业前列，少量线路在尝试公交自动排班，绝大部分线路还是以人工的排班为主，一般车次的计划会提前生成，但关联到司机和车辆这一操作是在当天发车前几小时内进行的。此外，因为公交集团的智能化程度高，诸如线路、站点的存储展示，调度计划的生成、指令的交互等各种公交运营行为，都是通过调度系统、车载机形成的调度网络进行的。

宁波市正在进行公交智能化改造，其中排班计划部分，采取提前由人工制定当月的车次计划以及人员车辆排班。

因为排班需要考虑到人员工作时长、车辆电量、线路周转等方面，人工能依赖经验找到一个适应的计划，但往往无法进一步优化。特别的，在提前做好排班计划后，实际运营会遇到各种问题，导致执行率低，如司机身体问题、路况变差、车辆问题等。如果计划无法继续执行时，如当前待发车次①的车辆A被堵在路上，需要将下一个车次②的车辆B顶替，而A跑下一个车次②。看似简单的交换，很有可能导致A的后续车次和下一个车次②时间冲突，又需要继续调整后续冲突，牵一发而动全身。

运营时可以通过加强管理，规避一些影响因素，但是在大城市中，路况变化相对小城市会波动很大，加上运营规模大，难以快速调整，造成了很多公交公司并不提前进行计划排班。目前，深圳市正在进行时间站点的试验——在每条线路上，根据车次所在时间段，考虑当时的路况，挑选多个站点作为时间站点对司机进行指引和考核，帮助司机在指定时间附近到达站点，最终能有效控制车次的实际耗时和计划耗时相近。

2. 中小城市公交排班现状

区别于大城市，中小城市的路况变化相对较小，早晚高峰期和平峰期的线路周转时间较为接近。且发车间隔往往较大，大城市高峰期的线路发车间隔在4—7分钟，一些小城市甚至没有峰段区别，全天都是半小时、一小时的发车间隔。因此，中小城市的计划排班，由于规模小、考虑方面少、影响因素变化后对原计划冲击小，往往比大城市会容易很多。

另外，大城市的财政补贴、营收会更高，也正因为规模足够大，公交运营的一些固定成本就被摊薄了。比如，车辆的车载机、摄像头，全面覆盖的调度系统。大城市中为几千、上万辆车正常运行打造的调度系统，让几十、几百辆车的小城市使用，就显得重器不重技，成本高昂，但没有较大的提升。

因此，许多中小城市的公交运营，还停留在较原始的阶段，人工排出线路的运行车次，人工通知司机几点钟发车。这些公交公司并不是不想进行信息化的管理，但受限于成本以及大体量调度系统的低性价比，只能维持现状。

3. 动态公交运营时间与排班

在前面章节我们提到，动态公交并没有线路的概念，乘客的需求实时进入系统后，由算法服务计算分配到最合适的车辆上，每辆车的路线都是来源于乘客。那么动态公交还需要考虑运营时间和排班吗？实际的运营告诉我们，非常需要。

从服务的角度看，平峰期应当是动态公交运营的主要时间段。

单从动态公交的合乘率、效益来看，高峰期的呼叫数倍于平峰期，大量需求的涌入也让车辆的运行效率更高，因为会有更多的需求可以拼在一起，一些小型公交甚至能够拼满。但是，这并不意味着动态公交就应该在高峰期运行。

我们再横向对比动态公交和常规公交，常规公交的高峰期线路固定，聚客效应明显；而动态公交因为是需求响应式的、更针对性的服务，高峰期的收益往往是低于常规公交的。常规公交的平峰期客流稀少，有些车辆是空跑完整个车次，行驶里程全是空驶里程；此时动态公交受益于需求响应式的运营方式，附近的需求匹配到车辆，车辆在服务过程中还会持续拼入顺路乘客，不受固定线路客流少的限制。

综合常规公交和动态公交各自的优势，常规公交主营高峰期，平峰期进一步扩大发车间隔，动态公交主营平峰期，高峰期按需求规模调节会是运营效率最高的方式。

动态公交的排班，需要考虑的因素没有常规公交那么多，主要因素应该是司机的工作时长。

我们在各地进行动态公交的运营尝试，最早并没有考虑到排班这个问题。参考市场化的人车匹配系统，我们给司机提供了停止接单的功能，在司机需要休息的时候，可以停止接单。实际使用中，运营方遇到了一系列问题：

（1）不能让司机随意选择休息时间，否则有可能出现运力在时间分布上的不均匀。

（2）司机的工作时间怎么衡量，如何保证不超过8小时。

（3）给司机指定休息时间段后，司机按时停止接单，大概率车上还有乘客要送，影响司机休息；司机提前停止接单，整体的服务时间缩短，在一些时间段可服务车辆很少。

（4）回场站下班时，停止接单会少服务用户，不停止接单可能会接到很远的订单；且每个司机的下班时间是不同的。

为了解决这些问题，我们必须给动态公交排班。相比复杂的常规公交排班，这里只需要考虑每个司机的工作时长，安排好休息时间段和下班时间，做好可用运力在时间上分布均匀即可。

系统在计算可用车辆和司机后，考虑到每个时间段的运力保证，提前给每个司机安排好休息时间、休息场站，以及下班时间和下班场站。到运营当天，乘客呼叫后，系统匹配时除了考虑原有逻辑，如乘客等待时间、绕行时间、顺路程度等，另外会计算是否和司机的休息计划、下班计划冲突，让司机不用操心什么时候停止接单，让运营方不用考虑怎么安排司机的计划。

4.动态公交与常规公交融合

既然动态公交和常规公交各有所长，如果能结合在一起，发挥各自的特长，可以提升运营效率，更好地服务社会。

技术上，我们将常规公交的排班计划提前同步到动态公交中，形式与上一节提到的休息计划类似，有对应运营车次的运营时间段和起终点、司机和车辆信息。那么在动态公交运营时，乘客的需求也会受到对应车辆的常规公交运营计划影响。无论是实时呼叫，还是预约行程，系统都会在不影响常规公交运营计划的基础上对需求进行分配。

因为排班计划会影响需求分配，所以排班计划能提前多久，就意味着动态公交的预约范围是多大。如果是中小城市，排班计划容易生成，提前一两天产出后，动态公交接单时，预约订单就会排在这些常规公交的车次之间；如果是大城市，只能提前几个小时生成排班计划，那么预约订单就不能预约很久之后，不然到对应时间段可能没有车辆能够进行常规公交的运营。当然，即便只能提前几个小时，动态公交依然能够正常进行实时订单的接送。如果深圳市对时间站点线路的尝试能够有效推广，那么排班计划的提前生成也将是可行的。

在技术实现上，我们发现动态公交和常规公交的融合在中小城市的阻力较小，是融合的一个利好消息。实际上，还有一个更大的利好因素隐藏其中。

中小城市的公交公司运营规模不大，信息化程度不高，调度系统引入代价高昂，既有一次性部署的费用、每年维护费用，还有配套车载机的成本支出。动态公交已有的生态系统中，外部配套设施仅是可下载司机端的平板电脑或手机，内部系统的车次计划生成、实时车辆显示，包括运营后相关数据的报表都是已经在使用的。这套系统无论是软件还是外部设施，成本都远低于为大城市打造的公交调度系统。

脱离动态公交而言，中小城市的公交公司也完全可以使用系统，代替以往烦琐的人工操作。

（1）调度员不需要每天在纸上调整车次，口头通知司机；

（2）不需要每天统计营收，统计司机班次；

（3）不需要每月汇总报表数据。他们可以在系统中由系统或自己配置第二天的车次，对应司机上班前就能通过App、短信获取通知，知道自己的工作安排；

（4）营收、司机工时等相关报表，日周月各个时间都会自动产出，也能实时查询；

（5）一些运营数据累积后，能可视化地显示在系统中，如各线路客流峰段情况、站点分布等；

（6）最重要的是，在实际运营时，运营方不再是发出车辆后就一无所知，他们可以在系统中看到每辆车的位置、状态，这对运营管理工作的提升无疑是有效帮助。

大城市的车次时间波动相对小城市较大，但也是有规律可循的。我们在另外的探索项目中，对深圳的线路采取机器学习中经典的GBRT算法，引入线路、司机、车辆、天气、工作日/节假日、时间段等维度后，对行车时间的预估与实际的行车时间贴合较好。如果能提前几个小时做好排班，那么也可以进行实时的动态公交运营，只是无法预约长时间的车辆。在客流稀疏且方向离散的平峰时间，区域动态的运营效率更高，乘客的体验也会更好。

图5-4左侧是提前做的计划周转时间，深色点为车次计划耗时，浅色点是算法估计后转换成整分钟的数据，两者匹配很好；右侧是实跑的车次耗时，大致走势和预测的一致。预测和计划相近，说明算法可以替代人工的计划，而实跑的波动说明大城市的路况的确更复杂。

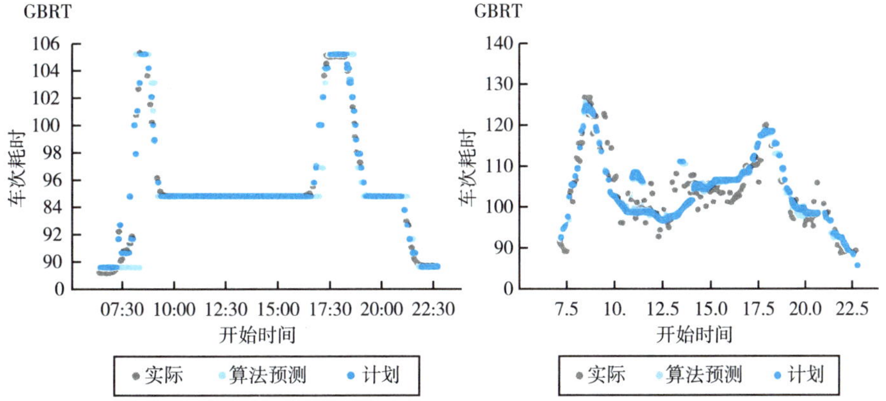

图5-4　GBRT算法预测计划周转时间（左）、车次计划耗时（右）

此外，从业务的广度来说，目前的常规公交定时、定线的方面局限性比较大。随着人们出行方式、出行需求的多样化，以及手机等科技手段的发展，公交服务想要更好服务乘客，公交运营方式也必然要持续更新。常规公交中衍生出的定制公交满足高峰期乘客时间观念强、无需换乘、稳定有车的需求，动态公交本身满足平峰期乘客需求时空分布离散的特征，动态公交中衍生出专车包车，在不影响常规运营情况下，用多余运力满足用户多人出行的需求，同时为运营方创收。互联网技术的发展，我们有能力将这些功能结合在一起，在网页、App端展现出多样化的功能，也让乘客有能力触达并享受到更好的服务。

总之，公交运营不能是一潭死水，不该再局限于定时定线的载客，要走入乘客群体，了解需求，才能最终提升服务质量，提升运营效率。

第四节　票价机制创新性分析

相比于常规公交，由于动态公交的行程不确定性，单纯使用常规公交的一票制以及分段计价方式显然不太合适；而与出租车或网约车相比，动态公交由于存在多名乘客行程共享的情况，在舒适性、隐私性以及乘车体验上会略逊一筹，因此，动态公交的定价应该比出租车/网约车稍低，并且单纯的里程计价模式会使得乘客支付的票价与享受的服务在某些情况下不成正比。设计一套合理的票价机制对于动态公交的运营有着十分重要的意义。

一、多种计价模式

一票制计价：无论乘客的起终点距离多远，是否与其他乘客共乘，均采用统计的票价。该模式一般用于运营区域较小，如10平方公里以内的情况。由于动态公交的服务水平一般高于传统公交，所以其定价一般略高于该区域常规公交一票制价格。在运营区域较大的情况下，该计价方式也可作为票价的下限值与其他计价方式结合使用。

基于里程计价模式：按实际行驶里程计价仍然可以作为动态公交计价模型的基础，单公里价格一般小于或等于当地出租车单公里价格。但由于动态公交存在行程共享的情况，此时乘客的绕行系数>1，如果仍然采用基础的里程计价方式，会导致乘客花了更多的时间才到达目的地，却要支付更高的费用。在这种情况下需要对计价方式进行优化，对于因行程共享导致绕行的乘客，应该在票价上给予一定的优惠。优惠的机制可以有很多种，总的原则应该是绕行产生的成本由后拼入行程的乘客承担。对于先进入行程的乘客来说，由于拼入其他乘客，导致到达终点的时间延后，以及行程隐私性下降，所享受的服务有一定程度降级，理应给予一定优惠；而对于后拼入的乘客，由于享受到了拼车带来的车辆供给，减少了等待时间，由共乘产生的绕行应由自身承担。

专车服务计价：在现实生活中，会存在多人点对点出行的服务，动态公交同时可以提供专车服务（即该行程不会与他人共享），乘客如果选择了该模式，即可享受类似小型包车的服务，该服务定价模式一般与里程计价模式独立设置，根据运营区域的大小也可设置为一口价或基于里程计价，价格一般低于可售座位数票价之和。

在实际情况中，动态公交的计价模式可以是多种模式的混合，比如乘客选择了专车服务，会自动使用专车服务计价模式；在拼车模式下，如果起终点道路里程低于一定值（如3千米），采用一票制计价，如果超过这个阈值，采用基于里程计价的方式。通过多种计价模式的组合，可以使车票价格体系在不同的场景下保证乘客所享受的服务与支付的金额保持一致。

二、灵活补票机制

在现实场景中，单纯的线上支付方式难以覆盖所有的需求，比如车辆到达乘客候车站点时，该站点有未下单乘客，且该乘客出行需求与车上乘客相近，受拼车算法一些特殊限制，此时未下单乘客即使临时下单，也难以被分配到该车辆上。因此，提供一种灵活的补票机制不仅可以满足这种特殊情况下的需求，还可以满足下单时人数选错、未给同行儿童购买儿童票等情况。

三、一人一座一票

动态公交一般采用一人一座一票的方式，如果车辆可提供座位数不能满足乘客人数的话，平台不会将该车辆分配给乘客，因此也不会出现站票的现象，能够提高乘客乘坐的舒适度与安全性。

第五节　服务交易创新性分析

动态公交服务交易首次将常规中大容量巴士与拼车技术结合，利用大数据算法技术匹配订单，并融合线上线下的客路需求，实现实时动态线路优化、动态调度，使乘客无须换乘，最低成本实现点到点出行服务。同时融合线上线下的场景，提供特色预约专车服务，更好地满足客户出行需求。

一、大数据算法匹配订单

乘客出行需求生成订单后，动态公交后台会针对这些订单数据进行算法匹配，实现类同路径、同期出行时间等类同条件的订单进行拼单出行，同时会结合站点、路况拥堵、客流分析及减少绕行路线等限制，后台利用算法技术进行一系列筛选，使拼单出行最优化，也为乘客提供最优性价比的方案，使出行体验更优、更好。

以下是一些拼单限制条件：

➢ 同行订单数限制，即一辆车上最多能同时匹配多少个订单。

➢ 同行人数限制，即车上最大乘坐人数。

➢ 绕行系数限制，即乘客实际到达时间不得超过直达时间的X倍。

➢ 绕行时间限制，同上，把系数换成具体时间。

➢ 局部绕行限制，接近下客点时不考虑拼单。

➢ 接单时间波动限制，系统进单时考虑具体时间值。

➢ 匹配范围波动限制，可设置乘客一段时间叫不到车后，扩大叫车范围。

➢ 回场限制，如临近下班时间，司机接单到回场的时间，不晚于下班时间。

根据这些订单限制条件，后台进行一系列算法匹配，形成最优出行订单。如机场拼车通过规划路径，将顺路的乘客拼成一组，司机根据导航将乘客逐一送到家（见图5–5）。

图5–5　优点机场拼车上帝视角图概览

同时可以通过后台看到订单的顺路程度如图5–6所示，相较于传统的站点拼车模式，系统在后台可视化和送客上门的通达性做了一些创新突破，也实现了大数据算法对出行的赋能。

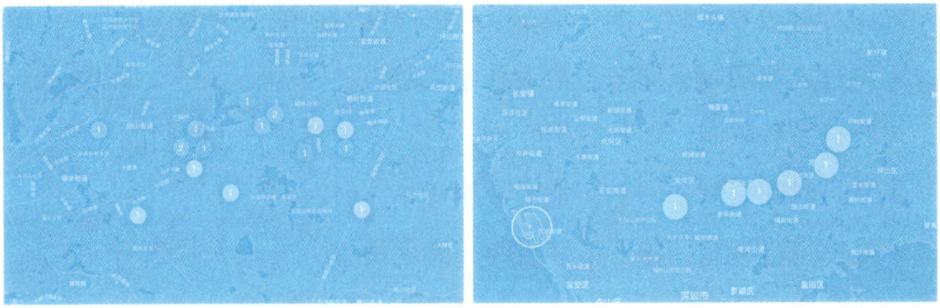

图5-6　优点机场拼车上帝视角查看订单顺路程度

二、线上线下场景融合

动态公交融合线上线下需求，线上可以直接预约订单，制定出行线路，线下根据预约的订单按时按点上车，还可以即时线上查看订单状态、车行距离等，直至到达目的地。

若线上未及时提前预约下单，线下可以直接刷卡上车，线上补票，动态公交后台会整合这些订单需求，自动接入司机端，系统会自动规划最优行驶路线，从而合理规划分配。

乘客在站点候车时，可通过上车补票，解决打不到车、订单人数少、同行人员匹配不到同一辆车等问题。

线上需求跟线下场景融合，结合用户出行场景，使用户出行服务更优，体验更好。

三、特色预约专车

除了常规公交的定制公交拼车以及动态公交拼车，乘客还可以在线上选择预约专车，专车针对专人服务，司机接到订单需求即会即时确认上车点并准时过来接乘客，相对普动态公交拼车，预约专车服务更专业，在一定场景下能更满足客户需求。专车相对价格会高些，但比网约车专车更便宜，又能满足客户需求。专车可以解决早晚高峰多人出行的难题，也可有效提高车均日营收。

而预约公交，可以实现运力供给和需求提前匹配，平台优先专车接单，在专车接单之前或者之后，司机仍可继续正常接拼单，实现运力资源最大化利用。

图5–7为优点App公交预约界面，可预约两小时内的公交车专车接送。

图5–7　优点出行乘客端App预约专车服务操作流程示意图

乘客成功预约专车后，司机可在司机端看到预约单（见图5–8），司机可查看订单详情，可提前电话联系乘客确认上下车点，如因车辆故障，可将订单转给其他司机。

图5–8　优点出行司机端App查看预约订单

四、特色可视化监控服务

随着用户的不断增长，订单量持续增加，累积的订单数据迫切需要进行可视化呈现出来，能更实时掌握线上交易情况，以及线上客流密集情况，包括系统派单接单情况，从而针对性地做一些调整或者优化。

优点基于大数据，研发了上帝视角可视化服务，将动态公交的订单和线上情况实时展示出来。动态公交订单生成后，系统后台会实时展示订单的情况，如订单状态、乘客情况以及系统派单详情，如图5–9所示。

图5–9　优点出行上帝视角服务

同时还可以监控车辆设备状态情况，如设备的连接状态和GPS信号，断开15分钟后会短信或者邮件通知运营人员。

当预计达到时间超过30分钟时，系统会告警提示运营人员，在页面上可以实时看到告警列表情况，如图5–10所示。

通过直观的可视化展示服务，对当地区域动态公交的服务交易情况进行实时掌控，科学合理安排运力和进行后台拼单算法的调整，以及针对异常能及时知晓并处理，成为动态公交运营不可或缺的平台工具。

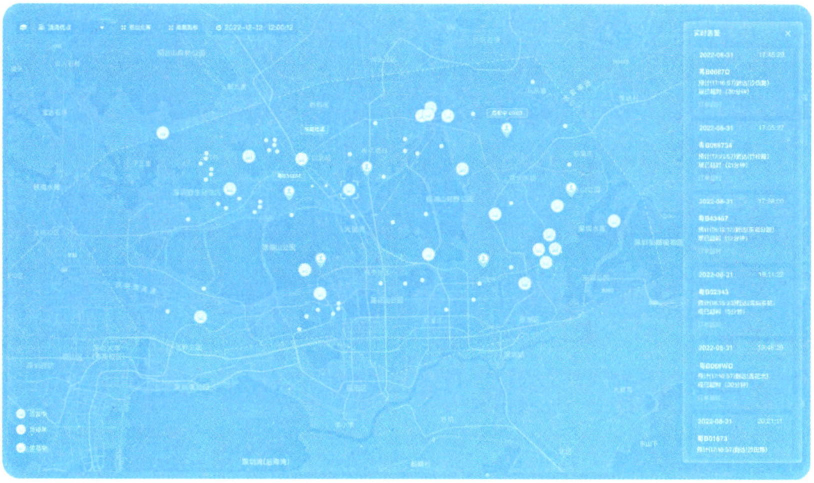

图5-10　优点出行上帝视角服务展示告警信息

第六章

动态公交的技术基础

第一节　移动互联网技术

移动互联网（Mobile Internet）是指利用互联网提供的技术、平台、应用以及商业模式，与移动通信技术相结合并用于实践活动的统称。其产生、发展与移动通信技术的发展趋势密不可分。

一、移动互联网

关于移动互联网的定义有很多种说法，其中工业和信息化部电信研究院的《移动互联网白皮书》中对移动互联网的定义是：移动互联网是以移动网络作为接入网络的互联网及服务，包括三个要素：移动终端、移动网络和应用服务。

移动互联网既继承了桌面互联网开放协作的特征，又继承了移动通信的实时性、隐私性和便捷性，其主要包括以下几个方面的特点：

1.高便携性，移动互联网的沟通与资讯的获取远比PC设备方便，移动设备一般都以远高于PC的使用时间伴随在用户身边，这个特点决定了使用移动设备上网，可以带来PC上网无可比拟的优越性。

2.终端移动性，移动性使用户可以在移动状态下接入和使用互联网服务，移动的终端便于用户随身携带和随时使用。

3.业务与终端、网络的强关联性：由于移动互联网业务受到网络及终端能力的限制，其业务内容和形式也需要适合特定的网络技术规格和终端类型。

4.隐私性：移动设备用户的隐私性远高于PC端用户的要求。高隐私性决定了移动互联网终端既要保障认证客户的有效性，又要保证信息的安全性，这与互联网公开、透明、开放的特点有所区别。PC端系统的用户信息是可以被搜集的，而移动通信用户上网显然是不需要自己设备上的信息被他人知道甚至共享，如通讯录、短信等；同时一些互联网业务所提供的内容和服务也要求很高的私密性，如手机支付、金融理财业务等。

5.局限性：移动互联网也具有自身的不足之处，主要体现在网络能力和终端能力两方面的限制，在网络能力方面，受到无线网络传输环境、技术能力等因素限制；在终端能力方面，受到终端处理能力、电池容量等的限制。

移动互联网在中国的开端可以追溯到2000年年底中国移动通信集团的“移动梦网”计划，2001年11月10日，中国移动通信的“移动梦网”正式开通，手机用户可以通过“移动梦网”享受到移动游戏、信息点播、掌上理财、旅行服务、移动办公等服务。2000—2007年，是中国移动互联网的萌芽期，这一阶段，WAP（Wireless Application Protocol）应用是移动互联网应用的主要模式，WAP应用把因特网上的HTML（Hyper Text Markup Language）信息转换成用WML（Wireless Markup Language）描述的信息，显示在移动电话的显示屏上，由于WAP只要求移动电话和WAP代理服务器的支持，而不要求现有的移动通信网络协议做任何改动，因而被广泛地应用于GSM、CDMA、TDMA等多种网络中。同时在“移动梦网”的技术支撑下，当时涌现了雷霆万钧、空中网等一大批基于“移动梦网”的服务供应商，用户可以通过短信、彩信、手机上网等模式享受移动互联网服务，但由于服务供应商存在业务不规范、乱收费等现象，2006年4月，国家开展了专项治理行动，大批服务商因违规运营退出了市场。

2008—2011年，中国互联网进入培育期，在这一阶段，随着3G移动网络的部署和智能手机的出现，移动网速大幅提升初步突破了手机上网带宽瓶颈，具有安装软件的智能手机使移动上网功能得到大幅增强。经过3G网络一年多的试点商用，2009年1月，工信部为中国移动、中国电信和中国联通三大运营商发布了3G业务经营许可，3G网络大规模建设正式铺开，中国移动互联网全面进入3G时代。

2012—2013年是中国互联网的高速成长期，推动这一时期发展的主要是具有触屏功能的智能手机大规模普及和应用，安卓系统的普遍安装和移动互联网应用的爆发式增长。进入2012年之后，由于移动上网需求大增，以三星、HTC为代表的传统手机厂商，纷纷效仿苹果模式，普遍推出了触屏智能手机和手机应用商店。触屏的出现解决了传统键盘的诸多不便，同时智能手机移动应用丰富，受到了市场极大欢迎，由于手机厂商之间竞争激烈，智能手机价格快速下降，千元以下的智能手机大规模量产，推动了智能手机的大规模普及和应用。

2014年至今，是中国互联网的全面发展期，随着4G、5G网络相继部署，移动上网速度得到极大提高，上网网速瓶颈限制基本破除，移动应用场景得到极大丰富。2021年，中国手机网民规模达到10.07亿人，App Store在线App数量为126.79万款，手机App也成为企业开展业务的标配。

二、移动终端技术

移动终端或者移动通信终端是指能够执行与无线接口上的传输有关的所有功能的终端装置。广义地讲包括手机、笔记本、平板电脑、POS机甚至车载电脑。大部分情况下是指手机或者具有多种应用功能的智能手机以及平板电脑。随着网络带宽越来越大以及集成电路的飞速发展，移动终端已经拥有了强大的处理能力，其正在从简单的通话工具变为一个综合信息处理平台，同时也为移动终端增加了更加宽广的发展空间。

移动终端一般具有以下几个特点：

1.具备灵活的互联网接入方式和高带宽通信能力，能够支持GSM、WCDMA、CDMA2000、TD-LTE、FDD-LTE等多种制式网络，以及多种无线数据业务。

2.具有开放式的操作系统，用户可以根据自身需要安装各种软件，极大程度地满足用户个性化的需求。

3.具备独立的中内处理器、内存、输入、输出设备等，也可以根据需要调整各个输入、输出设备，移动终端往往是具备通话功能的微型计算机设备。

4.相比固定终端设备，移动终端更加注重人性化、个性化和多功能化，随着科技发展，移动设备集成了嵌入式计算、人工智能、生物认证等技术，充分体现了以人为本的宗旨。

纵观移动终端的发展历史，最早的移动终端是用于战场的无线便携式话报机，在第二次世界大战期间由美军研制，体积和重量远超现有的移动终端，光信号箱就重达20—30公斤，必须由一个士兵背着才能使用。

1973年4月，摩托罗拉公司的Martin Cooper发明了世界上第一部推向民用的手机，因此Martin Cooper也被称为“现代手机之父”。1983年，世界上第一台移动电话——摩托罗拉DynaTAC 8000X问世，这是世界上首部获得美国联邦通讯委员会（FCC）认可并正式投入商用的蜂窝式移动电话。这部手机在1983年首次将贝尔实验室1947年提出的移动电话概念和70年代提出的蜂窝组网技术概念变为了现实。这个移动通信业界的第一奠定了摩托罗拉手机部门在移动通信业界20余年不可动摇的地位。1988年，摩托罗拉3200上市，配有一块支持双行单色显示的屏幕，这是第一批进入中国的“大哥大”。

从第一台移动电话问世到20世纪90年代初，这一时期是模拟手机时代，属于第一代移动通信，简称1G，是摩托罗拉的天下。模拟移动电话系统的质量完全可以与固定电话相媲美，通话双方能够清晰地听出对方的声音。但模拟移动通信与数字通信相比保密性能较差，极易被并机盗打，只能实现话音业务，无法提供丰富多彩的增值业务；网络覆盖范围小且漫游功能差。

到了20世纪90年代，移动终端进入GSM手机时代，被称为第二代移动通信（2G）。GSM数字网具有较强的保密性和抗干扰性，音质清晰，通话稳定，并具备容量大、频率资源利用率高、接口开放、功能强大等优点。GSM时代后，各大手机生产商看好了这一新的商机，争相拓展这一市场上的份额，摩托罗拉不肯舍弃已有的地盘，抱死了模拟网络，以至于没能及时调整市场战略，其霸主地位迅速下滑。与此同时，诺基亚、爱立信等厂商后来居上，成三国鼎立之势。

2000年3月，摩托罗拉推出A6188，这款手机是全球第一部具有触摸屏的手机，也是第一部支持中文手机识别输入的手机，其采用了PPSM（Presonal Portable System Manager）操作系统，被认为是智能手机的鼻祖。2002年10月上市的诺基亚7650是第一款塞班操作系统的智能手机，也是第一款内置摄像头拍照的手机，这是一位重量级选手，也是一部革命性手机，拉开了智能手机的操作系统大战。诺基亚和他的塞班系统也称霸手机市场直到2007年。

2007年苹果在mp3市场取得巨大成功后，把手伸向了手机市场，推出第一代iPhone，这款手机采用了600MHz的arm11处理器，3.5寸真彩电容屏，以及比市面竞争对手先进5年的操作系统IOS。这款手机的出现，给人们带来了革命性的体验，直接颠覆了整个手机市场，从此，手机进入了一个新时代。

2008年，谷歌紧随苹果之后，推出了同样强大的操作系统：安卓（Android），并且门户开放，并于10月份推出了第一部采用安卓系统的手机HTC Dream（G1）。

智能手机发展到今天，手机市场发生了翻天覆地的变化，以前以摩托罗拉、诺基亚、西门子、爱立信、索爱、RIM（黑莓）、多普达、飞利浦、夏普、松下、索尼、三星、LG等为主流品牌，现在华为、苹果、OPPO、vivo、小米等一统天下。

三、通信技术

所谓通信，就是人与人沟通的方法。无论是电话，还是网络，解决的最基本的问题，实际还是人与人的沟通。现代通信技术，就是随着科技的不断发展，如何采用最新的技术来不断优化通信的各种方式，让人与人的沟通变得更为便捷和有效。

近代通信产生于1835年。这一年，莫尔斯（S.F.Morse）发明了电报。1837年，莫尔斯电码的出现使莫尔斯电磁式有线电报问世。1886年，马可尼发明了无线电报机。1876年，贝尔（A.G.Bell）发明了电话机。1878年，人工电话交换局出现。1892年，史瑞桥自动交换局设立。1912年，美国Emerson公司制造出世界上第一台收音机。1925年，英国人约翰·贝德发明了世界上第一台电视机。20世纪30年代，控制论、信息论等理论形成。

最近50年，通信技术包括了数据传输信道的发展、数据传输技术的发展和20世纪80年代后的多方向发展。数据传输信道的发展包括同轴电缆、双绞线、光纤、越洋海底电缆、微波信道、短波信道、无线通信和卫星通信等。数据传输技术的发展包括基带传输、频带传输及调制技术、同步技术、多路复用技术、数据交换技术、编码、加密、差错控制技术和数据通信网、设备、协议等。20世纪80年代后，电报发展为用户电报和智能电报，电话发展为自动电话、程控电话、可视图文电话和IP电话。同时还出现了移动无线通信、多媒体技术和数字电视等多种通信技术。

近年来，以计算机为核心的信息通信技术（Information and Communications Technology，ICT）凭借网络飞速发展，渗透到社会生活的各个领域。ICT不同于传统通信技术，它的字面意思是信息通信技术。ICT产生的背景是行业间的融合以及对信息社会的强烈诉求。ICT作为信息通信技术的全面表述更能准确地反映支撑信息社会发展的通信方式，同时也反映了电信在信息时代自身职能和使命的演进。

现代通信技术具有以下特点：

1.通信数字化

目前，已经完成由模拟通信向数字通信的转化。通信数字化可以使信息传递更为准确可靠，抗干扰性与保密性强。数字信息便于处理、存储和交换，通信设备便于集成化、固体化和小型化，适合于多种通信，能使通信信道达到最佳化。

2. 通信容量大

现代通信的通信容量大。在各种通信系统中，光纤通信更能反映这个特点。光纤通信容量比电器通信大10亿倍。

3. 通信网络系统化

现代通信形成了由各种通信方式组成的网络系统。通信网是由终端设备、交换设备、信息处理与转换设备及传输线路构成的。网络化的宗旨是共享功能与信息，提高信息的利用率。这些网络包括局部地区网、分布式网、远程网、分组交换网、综合业务数字网等。可以采用网络互联等技术把各种网络连接起来，进一步扩大信息传递的范围。

4. 通信计算机化

通信技术与计算机技术的结合使通信与信息处理融为一体。表现为终端设备与计算机相结合，产生了多功能与智能化的电话机。与此同时，与计算机相结合的数字程控交换机也已推广应用。利用通信卫星进行计算机通信是近年来计算机通信的一个重要方面，也是中国发展计算机通信的一个极有潜力的途径。

移动通信系统到现在已经发展到第五代，分别被称为第一、第二、第三、第四、第五代移动通信系统（1G–5G）。

第一代通信技术即模拟通信技术，是指最初的模拟、仅限语音的蜂窝电话标准，表示和传递信息所使用的电信号或电磁波信号往往是对信息本身的直接模拟，例如语音（电话）、静态图像（传真）、动态图像（电视、可视电话）等信息的传递，用户的语音信息的传输以模拟语音方式出现的。1G的标准制定于20世纪80年代，中国的第一代模拟移动通信系统于1987年11月18日在广东第六届全运会上开通并正式商用，2001年12月底中国移动关闭模拟移动通信网，1G系统在中国的应用长达14年，用户数最高达到了660万人。

1G的缺点是：容量有限、制式太多、互不兼容、保密性差、通话质量不高、不能提供数据业务和不能提供自动漫游等，也就是只能打电话，发短信这种数据信息无法支持，同时1G只有国家标准，没有国际标准，无法进行国际漫游，第二代移动通信系统的出现，解决了这个问题。

2G以数字语音传输技术为核心，用户体验速率为10kbps，峰值速率为100kbps，主要以语音通信和短信为主。2G技术基本分为两种，一种是基于时分多址（TDMA），另一种是基于码分多址（CDMA）。中国从1996年引进GSM（基于TDMA）商用，一直用到今天。

由于3G是个相当浩大的工程，从2G到3G不可能一步到位，因此出现了2.5G，GPRS、HSCSD、WAP、EDGE、蓝牙（Bluetooth）、EPOC等都是2.5G技术。2.5G能够实现图片、铃声、短小的视频传输，也可以无线上网，大家可能更熟悉他在中国的另一个名字：移动梦网，英文叫做Monternet，意思是Mobile+Internet，也就是移动互联网，移动的梦网服务，在当时的历史阶段引领了一阵发展，包括很多行业都在使用，如手机、互联网、游戏、音乐、视频。

1985年，高通利用美国军方解禁的“展布频谱技术”（或称“码分扩频技术”），开发出一个名为CDMA的新技术，这个技术直接导致了3G的诞生，CDMA就是3G的根本原理。国际上3G的标准有美国CDMA2000、欧洲的WCDMA和中国的TD-SCDMA，中国的三家电信运营商分别使用了TD-SCDMA（中国移动）、WCDMA（中国联通）、CDMA2000（中国电信）。相较于WCDMA和CDMA2000，TD-SCDMA的技术本源决定了它的低速率，再怎么优化也赶不上其他的3G标准。

三大标准定下来之后，以Intel为首的一批厂商又推出了极具竞争力的WiMAX（Worldwide Interoperability for Microwave Access，全球微波互联接入）技术，也就是802.16。WiMAX技术主导者是Intel、IBM、摩托罗拉、北电（加拿大），以及北美一些运营商，Intel与摩托罗拉向WiMAX项目注资9亿美元支持WiMAX，最终，WiMAX以“补录”的形式成为第四个3G国际电信标准，并如愿地分配到了全球频率。但之后由于中国和欧洲的通信生产商都一起对付美国WiMAX，连美国高通都不想生产WiMAX的支持设备和芯片，2010年，WiMAX标准的最大支柱Intel先撑不住了，宣布解散WiMAX部门。

第四代通信技术（4G）将WLAN技术和3G通信技术进行了很好的结合，使图像的传输速度更快，让传输图像的质量和图像看起来更加清晰，4G通信技术让用户的上网速度可以高达理论100Mbps，3G通信技术相比，是其20倍。4G带来了高清、视频直播、云计算、手机网游等。

2009年10月，ITU（国际电信联盟）征集到了六个候选技术，这六个技术可以分为两大类，一是基于3GPP的LTE-Advanced的技术，另外一类是基于IEEE的802.16m(WiMax2）的技术，中国提交的候选技术（TD-LTE-Advanced）作为LTE-Advanced的一个组成部分。

4G确定下来的国际标准有两项：LTE-Advance和IEEE，TD-LTE只有一条道，通过信号灯控制器来决定什么时候可以上，什么时候下。LTE FDD有两条道，往上走和往下走可以同时进行，相互独立。两者各具优势：TD-LTE占用资源少，LTE-FDD性能更强劲。2013年12月4日，4G牌照发放，我国进入4G时代。中国联通：TD-LTE、FDD-LTE中国电信：TD-LTE、FDD-LTE中国移动：TD-LTE。

5G的准备工作从2013年就已经开始了。2017年2月，国际通信标准组织3GPP宣布了“5G”的官方Logo。2017年12月21日，在国际电信标准组织3GPP RAN第78次全体会议上，5G NR（5G New Radio，5G新空口）首发版本正式冻结并发布。

在5G阶段，3GPP组织把接入网（5G NR）和核心网（5G Core）拆开了，要各自独立演进到5G时代，这是因为5G不仅是为移动宽带设计，它要面向eMBB（增强型移动宽带）、URLLC（超可靠低时延通信）、mMTC（大规模机器通信）三大场景。简单说就是5G不只是把速度搞上去，还得解决延迟，承受大规模机器同时通信。

关于5G，大家讨论最多的两个方面就是双模和双载波，双模指5G网络的两种部署方式：NSA（非独立组网）、SA（独立组网），简单来说就是SA需要新建5G基站和5G核心网，NSA就是利用4G基站或核心网；双载波指的是5G的两个频段区间，一种在6GHz以下，又称Sub-6GHz，与2G、3G、4G差不多在一个频段，另一种在24GHz以上，为高频毫米波。由于频率越高，电磁波的波长越短，能量越高，衰减越快，穿透性越差，而频率越低，波长越长，越容易绕过障碍物。因此，毫米波波长很短，携带的信息多，传递得也快，延迟也很低，相应的问题就是覆盖小，建筑遮挡穿透性差，覆盖同一区域，Sub-6GHz只需要一个基站就行，但毫米波基站可能就需要5个。

由于目前还在4G到5G过渡阶段，现有4G基础好，而且Sub-6GHz传输距离长、蜂巢覆盖范围较广，对基站的需求数量较少，相对配套设置也发展成熟，我国国土辽阔，全面覆盖成本大时间长，为了及时享受5G，目前国内5G的初期建设主要使用Sub-6GHz频段。以后随着各技术环节成熟，加上慢慢修建新5G基站，毫米波肯定会发展起来。

四、应用技术

移动应用的技术方案大体可以分为原生应用、HTML5、Hybrid。

原生应用一般指手机软件，它可以安装在对应的智能手机的操作系统上，能够完善原始系统的不足与个性化，是手机完善其功能、为用户提供更丰富的使用体验的主要手段。它的优点是可以方便地添加动画效果，调用底层硬件，所有的限制仅仅是来自操作系统平台限制；缺点是它的跨平台性几乎为零，除了资源外几乎没有可以重用的东西。目前主要的智能手机操作系统有两种：苹果公司的iOS系统，使用Objective-C或Swift开发；谷歌的安卓（Android）系统，使用java或kotlin开发。

HTML5（Hyper Text Markup Language 5）是构建Web网页的一种语言描述方式，是互联网的核心技术之一。这种技术就是Web App的方案，其最大的优点就是可移植性高，可以做到“Write Once，Run Everywhere”，同时升级版本非常容易，不需要用户更新软件。但它的缺点是无法使用系统API，同时受限于浏览器性能，很难为用户带来很好的用户体验。一般情况下，Web App的主要适用场景还是在于作为对非核心业务在移动端的入口补足，或者是作为用户轻量、低频使用的体验增强。

Hybird是一种兼顾Native与HTML的开发模式，但根据实现的不同，还可以再细分为两种实现方案：

• 在Native App中使用WebView加载远端Web资源

• 使用Cordova/PhoneGap等框架通过WebView加载本地资源进行页面渲染

第一种方案其实已经应用得非常普遍了，很多应用的展示页面都是通过这种方式实现的。因为展示页面需要的正是能够轻易更换内容及布局的格式，并且这种纯展示的页面也并不需要复杂的动画与特效，使用Web页面是一个非常合适的解决方案。

而第二种方案在跨平台高效开发以及快速发布上有着明显的优势，毕竟Web内容只需要开发一次就可以在各个平台使用。而且将资源打包到本地也可以在一定程度上缓解从远端加载静态资源导致UI展示延迟的问题，并且还可以通过桥接本地和远程来调用一些设备的API。但其劣势也很明显，一是通过WebView执行代码效率较低，很难实现一些炫酷的效果，并且还存在不同设备的兼容性问题；二是如果想调用相关平台的API，需要针对平台单独进行开发，如果在应用中用到了大量的设备API，那么开发的效率将大大降低；三是很难应用到平台相关的新特性，比较难做出有特色的产品。

此外，随着技术的发展与更替，更多的技术涌现出来，比如微信小程序、uni-App、weex、Reactive Native、Flutter等。不同的技术都有着各自的优缺点以及不同的适用场景。

动态公交结合互联网技术，使用户能够凭借一部手机进行线上预约购票，平台后台根据用户的需求进行订单匹配，综合运力、行程、耗时等因素进行需求分派处理，使用户从线下购票到线上购票无缝衔接，按需点到点服务，是创新的技术模式，也是公交迎合时代发展的趋势。

第二节 大数据技术

近年来，随着数据的发展，我们已经从信息时代迈入了大数据时代，大数据技术、云计算、人工智能技术已经深刻改变了我们生活的方方面面。结合大数据技术，交通行业也进行了一系列深刻的技术变革，逐步迈向智慧交通的发展之路。动态公交在大数据技术的基础上，实现数据加工分析、大规模OD数据的采集以及订单、用户画像分析，更好地实现精细化运营。

麦肯锡全球研究所给大数据的定义是一种规模大到在获取、存储、管理、分析方面大大超出了传统数据库软件工具能力范围的数据集合，具有海量的数据规模、快速的数据流转、多样的数据类型和价值密度低四大特征。

大数据最大的特征，自然就是数据量巨大，大到传统的数据处理软件如Excel、Mysql等都无法很好地支持分析。这也意味着大数据阶段，无论是数据的存储还是加工计算等过程，用到的处理技术也会完全不同，例如Hadoop、Spark，等等。

行业对大数据的特点描述主要有“3V”特性：

Volume大量：

采集、存储和计算的数据量都非常大。

Velocity高速：

在大数据时代，数据的创建、存储、分析都要求被高速处理，比如电商网站的个性化推荐尽可能要求实时完成推荐，这也是大数据区别于传统数据挖掘的特征。

Variety多样：

是指数据形式和来源多样化。包括结构化、半结构化和非结构化数据，如网络日志、音频、视频、图片、地理位置信息等，多类型的数据对数据的处理能力提出了更高的要求。

当前我国正在加速从数据大国向数据强国迈进。国际数据公司IDC和数据存储公司希捷的一份报告显示，到2025年，随着中国物联网等新技术的持续推进，其产生的数据将超过美国。

我国产生的数据量将从2019年的约9.4ZB增至2025年的48.6ZB，数据交易迎来战略机遇期。1ZB大约是1万亿GB，这是当今常用的测量方法。与此同时，美国2019年的数据量约为8.6ZB。到2025年，这个数字预计将达到30.6ZB。

在大数据技术的组成上，从宏观和微观上可进行不同的技术领域划分。从宏观上来看，大数据平台包含了三个重要的技术部分：

（1）数据交易技术。

这一部分技术所从事的工作，是对一些传统的关系型数据或者非结构化数据进行处理，这些数据包括ERP应用、数据仓库应用、在线交易处理（OLTP）等。

（2）数据交互技术。

数据交互技术主要是对社交网络、物联网设备和传感器、地理定位、影像文件、互联网点击、电子邮件等应用产生的数据进行处理，数据交互也是目前成长最迅速的一类大数据技术。

（3）数据处理技术。

主要包括数据的技术架构、加工处理、计算方式，如Hadoop大数据平台生态。

1. 大数据架构

在企业内部，数据从生产、存储，到分析、应用，会经历各个处理流程。它们相互关联，形成了整体的大数据架构（见图6-1）。

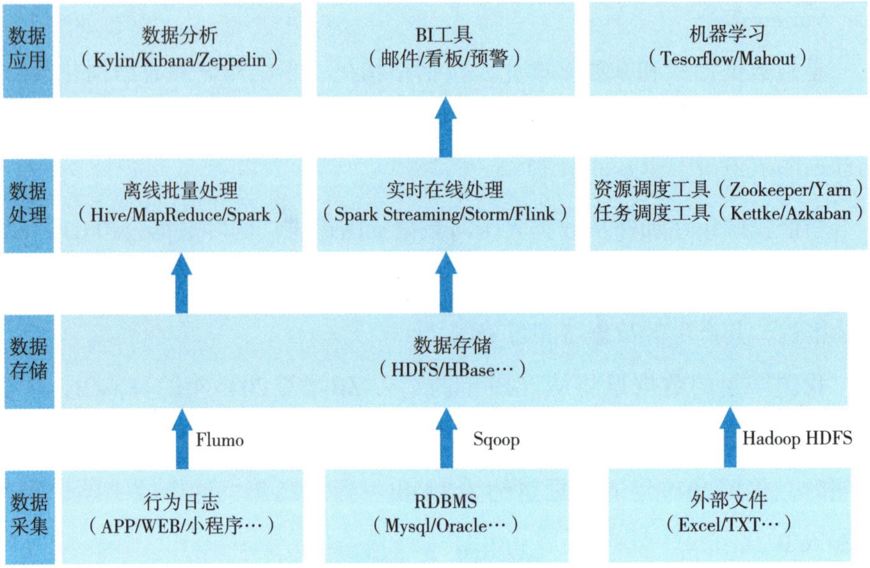

图6–1 大数据架构

通常来说，在我们最终查看数据报表，或者使用数据进行算法预测之前，数据都会经历以下几个处理环节：

（1）数据采集：是指将应用程序产生的数据和日志等同步到大数据系统中。

（2）数据存储：海量的数据，需要存储在系统中，方便下次使用时进行查询。

（3）数据处理：原始数据需要经过层层过滤、拼接、转换才能最终应用，数据处理就是这些过程的统称。一般来说，有两种类型的数据处理，一种是离线的批量处理，另一种是实时在线分析。

（4）数据应用：经过处理的数据可以对外提供服务，比如生成可视化的报表、作为互动式分析的素材、提供给推荐系统训练模型，等等。

2. 分布式系统架构Hadoop

我们现在常用的大数据技术，其实都是基于Hadoop生态的。Hadoop是一个分布式系统基础架构，换言之，它的数据存储和加工过程都是分布式的，由多个机器共同完成。通过这样的并行处理，提高安全性和数据处理规模。

Hadoop的框架最核心的设计就是HDFS（Hadoop Distributed File System）和MapReduce。HDFS为海量的数据提供了存储，而MapReduce则为海量的数据提供了计算。我们可以把HDFS理解为一套分布式的文件系统，大数据架构里的海量数据就是存储在这些文件里，我们每次分析，也都是从这些文件里取数。

而MapReduce则是一种分布式计算过程，它包括Map（映射）和Reduce（归约）。当你向MapReduce框架提交一个计算作业时，它会首先把计算作业拆分成若干个Map任务，然后分配到不同的节点上去执行，每一个Map任务处理输入数据中的一部分，当Map任务完成后，Reduce会把前面若干个Map的输出汇总到一起并输出，相当于利用分布式的机器完成了大规模的计算任务。

3.数据采集组件Flume

数据并不是天然就从Hadoop里生长出来，它往往存在于业务系统、外部文件里。当我们需要收集这些不同场景下的数据时，就需要用到各种不同的数据采集技术。其中包括用于数据库同步的Sqoop，用于采集业务日志的Flume，还有用于数据传输的Kafka，等等。

• 数据迁移：Sqoop是一个在结构化数据和Hadoop之间进行批量数据迁移的工具，结构化数据可以是MySQL、Oracle等RDBMS。用户可以在Sqoop的帮助下，轻松地把关系型数据库的数据导入Hadoop与其相关的系统（如HBase & Hive）中；同时也可以把数据从Hadoop系统里抽取并导出到关系型数据库里。

• 日志采集：Flume是一个分布式的海量日志采集系统。支持在日志系统中定制各类数据发送方，并写到各种数据接受方的能力。它的基本结构包含三个部分：数据收集组件Source，缓存Channel，保存Sink。多个Agent也可以组合使用。

4. 高并发高性能分布式缓存Kafka

Kafka是最初由Linkedin公司开发，是一个分布式、分区的、多副本的、多订阅者，基于zookeeper协调的分布式日志系统（也可以当作MQ系统），常见可以用于web/nginx日志、访问日志，消息服务等，Linkedin于2010年贡献给了Apache基金会并成为顶级开源项目。

主要应用场景是：日志收集系统和消息系统。

Kafka主要设计目标如下：

• 以时间复杂度为O（1）的方式提供消息持久化能力，即使对TB级以上数据也能保证常数时间的访问性能。

• 高吞吐率。即使在非常廉价的商用机器上也能做到单机支持每秒100K条消息的传输。

• 支持Kafka Server间的消息分区，及分布式消费，同时保证每个partition内的消息顺序传输。

• 同时支持离线数据处理和实时数据处理。

• Scale out，支持在线水平扩展。

5. 实时内存计算Spark

Spark是一个高速、通用大数据计算处理引擎。拥有Hadoop MapReduce所具有的优点，但不同的是Job的中间输出结果可以保存在内存中，从而不再需要读写HDFS，因此Spark能更好地适用于数据挖掘与机器学习等需要迭代的MapReduce的算法。

流数据处理：对于一些需要实时不间断处理的数据而言，等待MapReduce一次次缓慢加工，将文件反复保存到HDFS里并读取，显然太费时间了。一些新的流式数据处理工具被研发出来，它们的处理流程和批处理完全不同。

Spark Streaming：基于Spark，另辟蹊径提出了D-Stream（Discretized Streams）方案，将流数据切成很小的批量（micro-batch），用一系列的短暂、无状态、确定性的批处理实现流处理（见图6-2）。

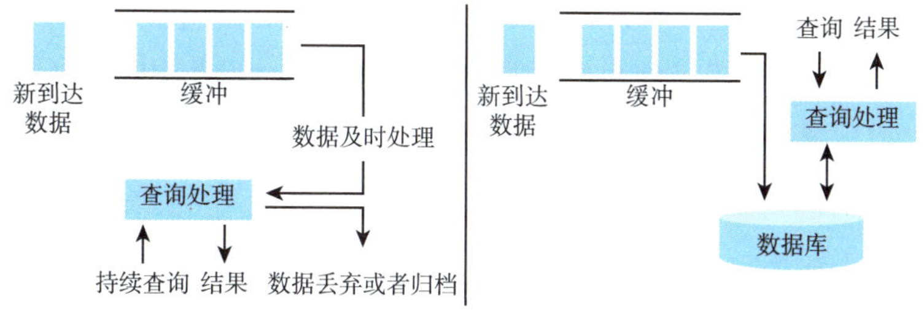

图 6-2　Spark 数据处理流程

6. 实时流式计算 Flink

当前业界已经有非常多数据处理的方式了，为什么还需要流式数据处理？要回答这个问题，我们先了解下传统的数据处理架构。

传统的数据处理架构是一种典型的以数据库为中心、适应存储事务性数据处理的场景。由于数据处理能力优先，在该架构下，往往数据都是以批量的方式进行处理。如批量写入数据库、批量读取数据库进行数据处理。这种架构在面对实时性较低的场景中较为有效，但是在对实时性较高的场景则不太有效，如自动驾驶场景、工业机器人场景、基于会话的用户统计等。

因此，流式计算或流式数据处理被提出。其实流处理最接近数据产生的自然规律，因为过去不具备流处理能力，只能做一些特殊的处理才能真正地使用流数据，比如将流数据攒成批量数据再处理，不然无法进行大规模的计算。使用流数据并不新鲜，有了新技术之后，可以大规模、灵活、自然和低成本地使用它们。

流式处理的核心目标有以下三点：

（1）低延迟：近实时的数据处理能力；

（2）高吞吐：能处理大批量的数据；

（3）可以容错：在数据计算有误的情况下，可容忍错误，且可更正错误。

7. 大数据资源管理

大数据在数据流通任务处理的过程中，必然会涉及多个任务、服务之间的协调。这里面既包括资源的协调，也包括任务的协调。

• ZooKeeper：是一个分布式的，开放源码的分布式应用程序协调服务。假设我们的程序是分布式部署在多台机器上，如果我们要改变程序的配置文件，需要逐台机器去修改，非常麻烦，现在把这些配置全部放到zookeeper上去，保存在zookeeper的某个目录节点中，然后所有相关应用程序对这个目录节点进行监听，一旦配置信息发生变化，每个应用程序就会收到zookeeper的通知，然后从zookeeper获取新的配置信息应用到系统中，以此保证各个程序的配置信息同步。

• Yarn：是一个分布式资源调度器组件。这个组件的主要作用是在每次接收到请求后，会查看当下的各个子节点的状况，统筹出运算资源的调度方案来保证任务顺利执行。通常来说，Yarn所调度的资源常常包括磁盘空间的资源、内存的资源和通信带宽的资源等。

8. ETL任务调度管理

大数据的各处理任务，有定期的，也有一次性的，相互任务之间还有可能有依赖关系，因此需要任务调度系统来进行任务的管理。

比如，目前业界比较流行的有Azkaban，是一款基于Java编写的任务调度系统任务调度，来自LinkedIn公司，用于管理他们的Hadoop批处理工作流。Azkaban根据工作的依赖性进行排序，提供友好的Web用户界面来维护和跟踪用户的工作流程。

主要架构如图6-3所示。

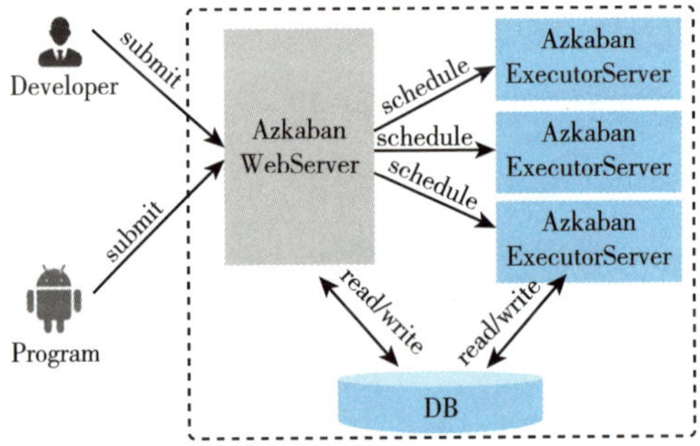

图6-3　Azkaban任务调度系统

Azkaban采用集群部署模式，主要有3个核心的组件：

（1）Azkaban WebServer，是整个调度集群的核心，负责所有作业的管理和调度。

（2）Azkaban ExecutorServer，整个调度集群中实际运行作业的节点

（3）DB，是集群中所有节点运行共用的数据存储，包含作业信息、各种调度元数据等。

9. 大数据数据应用

（1）数据分析

数据处理完后，最终要想发挥价值，很重要的环节是进行分析和展示。通过数据分析将数据与实际业务相结合，将数据信息化、可视化，通过可视化将数据转化为生产力，帮助企业作出科学决策，改善经营，从而帮企业获得更多的商业价值。

（2）机器学习

除了分析外，大数据很重要的一个应用场景就是AI，借助于一些机器学习工具，大数据可以灵活的完成AI相关工作。

机器学习是一门涉及概率论、统计学、逼近论、凸分析、算法复杂度理论等多门学科的多领域交叉学科，专门研究计算机如何模拟并实现人类的学习行为，以获取新的知识或技能，重新组织已有的知识结构使之不断改善自身的性能。

机器学习是一种通用的数据处理技术，其包含了大量的学习算法。不同的学习算法在不同的行业及应用中能够表现出不同的性能和优势。目前，机器学习已成功地应用于下列领域：

①互联网领域　语音识别、搜索引擎、语言翻译、垃圾邮件过滤、自然语言处理等；

②生物领域　基因序列分析、DNA序列预测、蛋白质结构预测等；

③自动化领域　人脸识别、无人驾驶技术、图像处理、信号处理等；

④金融领域　证券市场分析、信用卡欺诈检测等；

⑤医学领域　疾病鉴别/诊断、流行病爆发预测等；

⑥刑侦领域　潜在犯罪识别与预测、模拟人工智能侦探等；

⑦新闻领域　新闻推荐系统等；

⑧游戏领域　游戏战略规划等。

从上述所列举的应用可知，机器学习正在成为各行各业都会经常使用到的分析工具，尤其是在各领域数据量爆炸的今天，各行业都希望通过数据处理与分析手段，得到数据中有价值的信息，以明确客户的需求，指引企业的发展。

我国互联网领域的大数据应用市场化程度高、发展较好，而与实体经济结合的行业大数据应用蕴含了更巨大的发展潜力和价值。以制造业为例，麦肯锡研究报告称：制造企业在利用大数据技术后，其生产成本能够降低10%—15%。而大数据技术对制造业的影响远非成本这一个方面。利用源于产品生命周期中市场、设计、制造、服务、再利用等各个环节数据，制造业企业可以更加精细、个性化地了解客户需求；建立更加精益化、柔性化、智能化的生产系统；创造包括销售产品、服务、价值等多样的商业模式；并实现从应激式到预防式的工业系统运转管理模式的转变。制造业是国民经济不可或缺的一环，也是一个国家竞争力背后的强大力量支撑。我国制造业位居世界第一，却大而不强。企业创新能力不足，高端和高价值产品欠缺，在国际产业分工中处于中低端，大力推动制造业大数据应用的发展，对产业升级转型至关重要。

当前，我国不同行业领域正在积极推进数字化转型、网络化重构、智能化提升，推动行业大数据应用，也是推进数字中国建设的重要途径和基础。

第三节　智能定位与导航技术

位置信息是智能交通系统的基础，也是车路协同的核心技术。对于车辆定位技术，最普遍的选择是全球卫星导航系统（Global Navigation Satellite

System，GNSS），它能够在满足卫星可视条件的情况下为车辆提供连续、实时、高效的位置信息。GNSS技术中，来自美国的全球定位系统（Global Positioning System，GPS）最有名，中国北斗卫星导航系统（Beidou Navigation Satellite System，BDS）则是后起之秀，目前在我国的智能交通领域已经得到了广泛的应用。接下来重点针对动态公交中应用到的北斗智能定位和导航技术进行说明。

一、北斗民用对市场发展的巨大机遇

北斗卫星导航系统（以下简称“北斗系统”）的发展对于我国来说是具有战略意义的，其价值不仅限于军用，在民用方面同样有着难以估量的巨大市场潜力。近期，《北斗卫星导航系统交通运输行业应用专项规划（公开版）》（以下简称《专项规划》）正式印发，意味着北斗系统的“民用化”进程全面开启。

根据《专项规划》的谋篇布局，北斗系统将在铁路、公路、水路、民航、邮政等交通运输全领域实现应用，北斗民用产业将进入发展快车道。业内人士预计，随着北斗系统掀开“民用化”大幕，未来几年产业链相关市场新增规模有望达到1000亿元以上。目前，北斗系统民用市场前景体现在以下三个方面。

1. 智能终端导航服务

智能终端导航服务是指将卫星导航与智能手机、智能手表等终端相结合来提供各种基于位置服务（Location Based Service，LBS）。LBS就是利用卫星导航定位系统来获取智能终端用户的位置信息，在地理信息系统的支持下，为用户提供道路导航、交通情况、休闲娱乐场所、公共交通点信息、停车场空位查询、出租叫车服务等多元化信息。

LBS的发展非常依赖于其在客户端的占有率，要求很大的覆盖率，以确保用户无论是在室内还是室外、在城区还是郊外都可以使用该功能。同时，LBS对于精确度也有很高的要求，应根据用户不同的服务需求来提供相应的精度服务，给用户选择精度的权力。

2. 车载导航服务

车载导航服务通过车辆上安装的导航终端帮助车辆和个人随时随地获取准确位置，提供语音导航并确定最佳行驶路线。

北斗系统的导航终端可以根据实时的路况信息，对行驶路线进行智能化选择。同时，收集气象、事故、道路损毁等危险信息，防止驾驶员遇到危险路况时不能够及时采取防护措施的情况发生。

北斗系统亦可将收集到的交通信息反馈到交通运输部门，帮助交通部门对城市交通进行疏导，协助公交系统实现合理的车辆调配。

北斗系统也能够促进物流网络与导航系统相结合，提高物流效率，通过合理规划运输路径，在降低运输成本的同时提高了货物投放的精准度。

虽然智能终端导航市场巨大，但是由于北斗系统的技术还不完善，进入市场太晚，在未来很长一段时间内GPS在该市场依旧会占据统治地位。

3. 共享经济

共享经济，一般是指以获得一定报酬为主要目的，基于陌生人且存在物品使用权暂时转移的一种新的经济模式，其本质是整合线下的闲散物品、劳动力、教育医疗资源，将人们不经常使用的各种资源给有需求的人，充分发挥出资源的使用价值。

随着互联网、通信技术的发展，共享经济作为一种新兴的商业模式，正在改变我们的生活。各种共享产品提升了人们生活的便捷度。通过对冗余、闲置的资源大量激活和共享，可以随时随地根据自己的需求制定出行时间和路线，根据自己的喜好租房子，甚至是对自己想学习的知识也可以在网络上通过付费，而快速、精准地得到满足。

二、车载终端

智能车载终端（又称卫星定位智能车载终端）融合了GPS技术、里程定位技术及汽车黑匣子技术，用于对运输车辆的现代化管理，包括：行车安全监控管理、运营管理、服务质量管理、智能集中调度管理、电子站牌控制管理等。

1.实现对运行车辆的动态监控管理，通过GIS平台实时、准确显示车辆的动态运行状态，包括车速、里程、到站离站时间、站名、运行路段、堵车、火警、车辆故障、超速告警及超速提示、赖站告警及赖站提示、疲劳驾驶提示、自动报站等。主要用于公交、长途客车、定线物流车辆的智能管理。

2.可以通过GIS平台实现对运行车辆的动态定位跟踪及监控、在公交及长途枢纽站实现运行车辆的集中调度。

3.可以实现对电子站牌显示信息实时、准确的控制。

智能终端具有驾乘人员身份识别功能，驾乘人员均有一张存储有本人信息的IC卡（姓名、工号、路队编号），当班时必须在智能终端读卡器刷卡。智能终端可通过识别确定驾乘人员身份，由于智能终端输出控制直接控制车辆的点火电路，只有确认驾乘人员的真实身份后，驾乘人员才能启动车辆。在营运过程中，智能终端并会自动将当班驾乘人员姓名、ID号录入在各类运行报表中。在长途客运和物流车辆管理中，如当班驾驶员连续驾车4小时（可人工设置），车载终端会自动提示驾驶员休息。

4.智能终端能自动采集、存储公交一卡通刷卡数据，经处理后可直接传送到计算中心。不需专用人员上车进行数据采集。

5.智能终端具有GPS卫星定位功能，使终端具有里程定位和卫星定位两种定位功能，以适应不同用户需求。

6.智能车载终端配备有应急事件处理装置，可构成“道路交通安全预警及救援系统”。车辆出现超速、疲劳驾驶时车载终端会自动向驾驶人员发出安全预警提示信息。如遇应急事件（交通事故、火警等），驾乘人员或乘客可启动智能终端特定装置，车载终端自动发送求救信息到122、119、120等中心。中心将显示求救车辆的线路号、车号、发生事故路段、时间等内容。实时、准确对事故车辆进行救援，并发出语音求救信息。如遇治安事件可及时进行抓拍，能发出语音预警。

三、车载App

目前，汽车的保有量在不断上升，针对汽车的个性化需求提供服务也能够获取更多的市场商机，智能车载设备App开发通过分析市场对于各类车载设备的需求，实现了智能硬件终端与手机终端的线上连接，使用户只需要通过手机就可以获取诸多服务，可以更好地提高平台的用户使用体验，有助于提高平台的用户黏性。

智能车载设备App开发在目前市场中可以起到良好的宣传推广策略，使更多的用户了解平台的优势，并激发用户在平台进行消费，在满足消费者用户的个性化需求可以拓展高黏性用户规模数量。以下场景为车载App主要的应用价值体系：

1.连接汽车设备功能

用户可以通过蓝牙或者其他线上信息设备对自己的汽车进行在线的智能连接功能，连接成功之后，手机端便能够实现对于汽车接下来的一系列操作流程，让用户对于控制汽车功能步骤都只需要在手机端上进行操作即可。

2.实时直观位置监控

监控设备与汽车的结合也是当前的一种趋势所向，用户通过智能车载设备App软件可以实时查看汽车当前所在的位置，这对于在停车场寻找车辆具有很大的作用。

3.路况信息更新

智能车载设备使用户可以在平台自由地对路况信息进行查看，平台会结合系统断定额优势及时为用户提供目标地点的交通状况，根据系统分析为用户提供最为适合的路线，解决用户出行难题。

4.提醒车主保养

智能车载设备App软件会及时提醒用户要保养车辆，并提供准确有效的保养方案。

第四节　动态排班与调度技术

动态公交作为点到点的按需出行模式，乘客的出行分派应用了后台的一系列算法，综合时空、运力资源以及车辆的排班调度从而给出最佳的出行方案。动态公交也有运营时间和排班，没有排班的野蛮运营在初期需求较少时可以满足要求，但是随着用户的增多，就会导致运力和需求的不平衡，丢失部分用户需求。

动态公交的排班不同于常规公交，常规公交需要考虑车次周转、车辆停靠时间、发车间隔时间等各种因素，大部分城市的常规公交排班也仅仅从交委考核的角度出发，无法真正地结合实际的客流。而动态公交得益于没有固定的线路，也就没有周转、停靠、发车间隔这一类的概念，我们需要考虑的因素主要为司机的工作时间和实际的客流需求。

在运营中，通过互联网技术，我们还能实时掌握车辆位置、车辆路径、订单信息，从而让算法运算后直接进行智能调度。当然，因为我们也有数据可视化展示，调度人员也可以在看到实际呼叫、车辆路径信息后，手动下达指令进行实时调度。

一、司机排班结合客流

每次下单，乘客通过手机端，选择了起终点，订单被系统接受，系统经过计算后将订单派给了最合适的车辆。这一流程中，我们记录了脱敏数据OD（origin-destination）点对，即需求的起终点，包含订单的请求时间。

有了大量的OD点对后，先对需求请求时间进行数据分析。

图6–4为10月20日至11月3日的数据，按月取了均值，横轴代表了一天中的运营时间段，左边的纵轴代表呼叫订单数，右边的纵轴代表在线司机数。

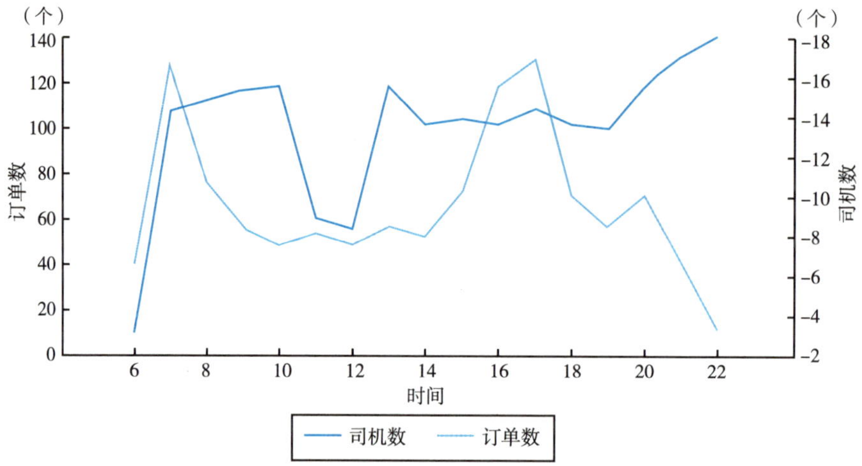

图6–4　不同时间订单数量分布与实际司机数量分布

从浅色线的走势，明显可以看出订单的呼叫具有时间分布规律，符合常规公交的高峰、平峰期，即前文提过的，在不考虑不同公交特性的情况下，动态公交的需求也一定是在我们认知的高峰期内达到最高，大量订单也保证了此时的拼车效率较高，存在的问题就是运力可能不足，会丢失一些订单。

从深色线的走势发现运营方直接管理司机会存在运力和需求不匹配的问题，以及运力分布不均匀的问题。因为动态公交是一个新型的业态，调度员没有相关的经验，他考虑的主要是司机在中午10—12点以及下午4—6点的吃饭时间，以及中间每个司机一个半小时的休息时间。如果是人工调度，那有可能导致以下问题：

（1）司机在轮换休息的时候，出现提前停止接单，即在该司机需要在线保持运力的时候，提前下线，导致该时间段的在线司机低于预期值——

11—12点的区间；

（2）在白天的平峰期，订单量不多时，有大量司机在线，因为常规公交也不需要司机参与运营——8—10点，13—15点；

（3）在夜间，高峰期参与常规公交运营的司机也空下来参与动态公交——20—22点的区间。

因此，采取直接用时间区间订单数估计用车数的简单逻辑，考虑司机的运营时长，以每个区间某辆车是否运营为变量：

$$\sum_j x_{ij} \leqslant 8 \tag{6-1}$$

$$0 \leqslant x_{ij} \leqslant 1 \tag{6-2}$$

式（6–1）表示横向求和，每个司机的运营总时长不超过8小时，如果每个x_{ij}代表半小时，也可以将后面参数做对应调整。式（6–2）表示每个时间段要么工作，要么不工作。$\sum_i x_{ij}$为纵向求和，让每个时间段的值与已知的客流求差值绝对值之和最小，那么对应的每小时车辆数就是最吻合客流的。

如果想要司机的工作时间是连续的，也可以加入其他的目标，简单能想到，$|x_{ij}-x_{(i-1)j}|$代表了相邻时间段工作的差异，如果这些求和最小，则说明了工作连续性最好，不会让司机反复上下线。

如果要求10—12点、下午4—6点必须有半小时休息，可以指定对应的n小时连续变量求和小于等于$n-1$，这也就意味着不会在这个时间段工作满，至少留出半小时休息时间。

使用整数规划求得最优排班，11月20日至12月3日的统计如图6–5所示。

从客流的角度出发，减少了车辆数的配给，平衡了每个时间段的在线车辆数，司机进行轮换休息。另外，单独在算法中给司机设置休息时间段，匹配订单时也会考虑是否影响司机休息，避免司机主动停运。

通过订单数据的累积和算法的使用，我们将数据转化成了指引排班的工具，不需要调度员耗时耗力，节约了人车资源，更好地服务乘客。

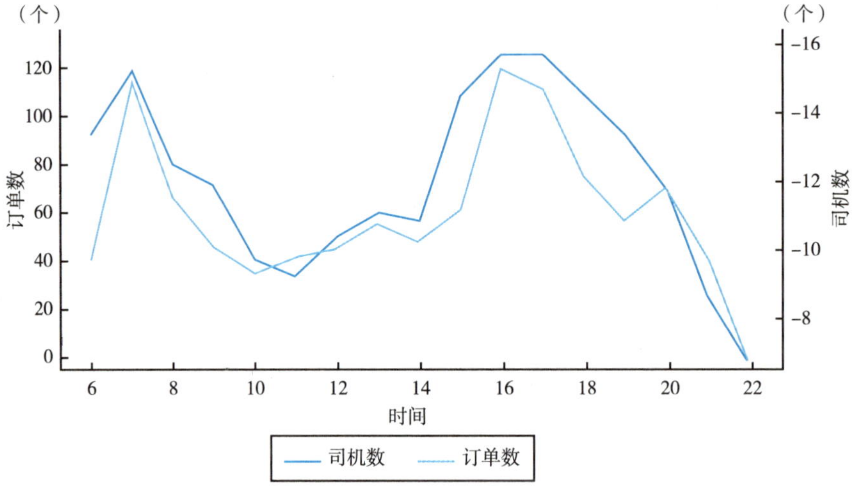

图6-5　不同时间订单数量分布与最优司机数量分布

二、场站驱动调度

前面我们从时间维度计算了司机的排班计划，如果更进一步，深入某个运营日，还会有实时调度的需求。因为动态公交的线路是基于当前收到的需求计算的，那么随着时间的推进，这些公交会被需求指引到不同的区域去，使得车辆在区域内的分布不均匀，这也是运力和需求的不匹配。

为适应不同的场景，有几种方式可以解决这个问题。本节是我们尝试的第一种方式：场站驱动。

受限于交通管制，在接收到调度指令前往某地后，公交不能随意停靠和休息。在司机下车休息时，车辆必须停在场站中，但是车辆不能扎堆停在一个场站，否则服务范围过小，这就形成了第一个场景：区域内有多个场站，司机空车后，需要安排司机前往不同场站休息，要求这些司机总的行驶距离最短，同时覆盖的服务范围最大。

首先，获取非空车辆的路径信息，用以确认车辆最终能服务哪个区域。其次，通过服务范围的计算模型，加上非空车辆的服务范围，要求总的服务范围最大，简单计算会得到每个场站的车辆数范围。再次，获取车辆的历史调度信息，历史调度信息辅助确认车辆应该前往哪个站点，不能上次刚调度去场站A，还没到达就调度去场站B。最后，获取所有车辆，通过整数规划模型计算，目标是使得调度空车的总里程最短，满足上述的限制。

求出的解，就是调度每辆空车去各自对应的站点，考虑了车辆现有订单、车辆现有指令、休息时的服务范围，这是一个典型的整数规划问题。我们根据运算结果，给车辆发布指令，对于单个司机来说，他前往的场站可能不是离他最近的，但是去一个稍远的场站会让其他司机能减少更多里程，所有司机的总调度里程一定是最短的。

三、服务覆盖驱动调度

如果车辆可以随意停靠，那么我们可以考虑从服务体验的角度进行调度。

在场站驱动的情况下，因为场站数量较少，往往会出现不同车辆的服务范围互相覆盖，也会有区域没有车辆能够服务到。那么我们也可以从让车辆服务范围覆盖整个运营区域的角度出发，使每个站点都能叫到车，并且等待时间最短。

在这个模型中，比较重要的有两个参数，一是划分区域数，二是最大等车时间。这两个参数只需要设置其中一个，另一个会受到影响，计算后即可得出。

首先，获取营运区域内的站点，可以全部获取，也可以取其中有代表性的，特别是营运区域边界附近的站点和热点站。然后获取站点两两之间的耗时，作为算法的输入。以已知最大等车时间t为例，建立整数规划模型，参数矩阵用站点间耗时矩阵处理成0—1矩阵，自变量为是否选择该站点，目标为选择的站点数越少越好。通过计算后得到的解，即可以转化为至少需要多少个小区域，以及小区域的中心站点为哪个站点，当车辆停靠在这些站点时，营运区域内所有的需求都能在时间t内被接到。

算法求解得到的站点就是最优停靠点，剩下的问题就是如何将现有的车辆调度到这些站点。这个问题的求解思路即上一节提到的，给定场站后，考虑车辆现有订单、车辆现有指令后能够直接求出。

区别于场站驱动，本节的方法目的就是在最小接驾时间范围内，找到类似场站的停靠站点，让停靠位置更合理。

四、需求预测驱动调度

上一节从服务覆盖角度找到了这些停靠点，但是在实际运营中，对运营区域进行一视同仁的服务覆盖可能不是最好的选择。比如，我们明确知道火车站、商场的需求数量更大，如果仅仅在附近安排一辆车停靠，同时在运营区域边界附近也安排一辆车，运力在空间上是均衡的，但是在和需求匹配的角度是不均衡的。因此，我们要从需求的角度出发来进行车辆的调度。抽象到已有的调度模型中，我们需要做的是从需求角度寻找停靠点，替换指定的场站或者服务覆盖找到的停靠站点。

需求分为两类，一类是同时间段的历史订单，另一类是当前正在呼叫的实时订单。这两类订单信息获取后，取起点站信息进行k-means聚类，为历史订单和实时订单赋上不同的权重，计算可以得到最优的停靠点，这些停靠点是聚类中心，不再局限于场站和站点。另外，聚类的结果中还有每个聚类中心的权重输出，可以直接用来作为每个停靠点分配车辆数的比例。

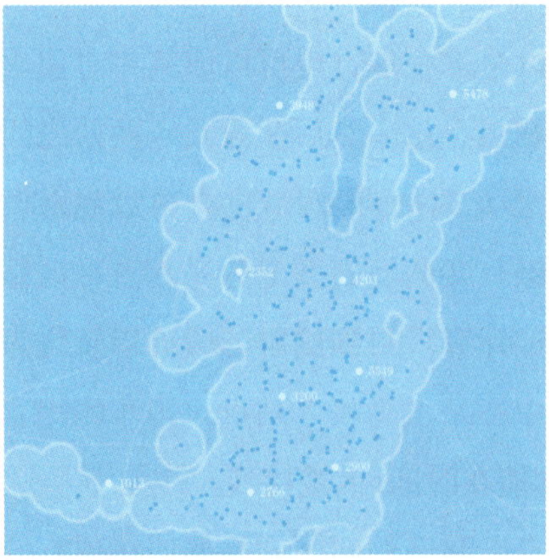

图6-6 热门呼叫站点聚类

如图6-6所示，图中密密麻麻的深色点代表的是当前时间段历史呼叫的起点，浅色点代表的是聚类出来的中心点，同时给出了权重。到此为止，我们获取到了等同于前两节提到的停靠场站、停靠站点的停靠点位。然后，依然进入实时调度逻辑，考虑车辆的已有订单和上次的调度结果，结合目前停靠点的权重，将其他空车调度到运力缺失的区域。

例如，目前没有车辆有订单，没有历史调度指令，那么车辆应当优先派往中间部分和右上角。

如果目前有两辆车的订单最终会送达右上角，那么其他空车可以优先派往中间和左上。最终目的，是让对应区域的运力基本满足我们计算出的比例，达到需求和运力的匹配。

第五节 车辆装备技术条件

当前是我国全面建设小康社会的关键时期，是深化改革开放、加快转变经济发展方式的攻坚时期，也是加快推进公共交通行业发展的重大战略机遇期。

长期以来，我国公交行业，运营效率较低、安全监管信息化程度不够高。一方面，企业对运营车辆状况没有进行充分动态掌握，另一方面，车辆不能及时了解运营组织意图和乘客及时需求，形成了“车在路上两不知”的局面。公交出行管理迫切需要科技创新。采用智能交通系统（ITS），在全球卫星定位系统（GPS）上开发公路运输车辆调度管理系统，正是适应公路运输管理创新要求的产物。

一、车载调度设备

车载调度设备以及对应的智能调度管理系统通过综合应用计算机技术、网络技术、GPS技术、GIS技术、电子技术等高新技术，全面实现公交营运车辆和线路运营的精细化、数字化、智能化管理，从而提高运输为社会提供优质高效的服务的能力，提高企业的核心竞争力，实现社会与经济两个效益的增长。

车载调度设备安装于公共汽车上，用于实现对智能调度信息的采集、处理、存储、传输、显示等，并提供人机交互操作控制的车载信息设备，它由调度终端和调度终端显示屏组成。

车载调度终端一般由处理器、内存和存储器系统、4G通信模块、GPS/北斗卫星定位模块、音频模块、WiFi、实时时钟、外设接口模块、指示灯、电源模块等组成。终端一般包含如下功能：

（1）自检、定位、终端管理及人机交互等基础功能；

（2）运营调度功能；

（3）语音通话功能；

（4）报站功能；

（5）信息采集和发布功能。

车载调度设备作为公交车上不可缺少的设备，主要带来如下四点好处：

第一，改变现行运营管理和调度模式。

变单纯人工现场调度为动态监控，实时调度。借助车辆动态定位、无线通信及电子地图、线路直观显示技术，实现对线路运营车辆、机动车辆、检修车辆动态位置的实时监控，从根本上提高调度指挥系统对运营状况的实时掌握与应变能力，实现运输运营智能调度。

实现多线路集中调度或区域调度，提高车辆调度人员的工作效率，降低车场调度和管理人员配置数量。

取消现行手工填写的“行车记录”，实现路单电子化，使调度人员把主要精力用于车辆运营调度。

提高车辆发车准点率，提高车辆运营安全水平，提高社会服务质量。

第二，资源实现最优化配置。

由于动态监控、实时调度，尤其是区域调度的实现，车辆、人力、场站等生产资源实现最优化配置，实现均匀合理的行车间隔，缩短车辆停站时间。

第三，提高企业经营效率和劳动生产率。

提高企业效率，实现企业管理现代化。统计报表和分析报表自动生成，使企业效率提高，决策及时正确。实现企业经营管理的办公自动化。降低企业运营成本，使企业成本构成更合理。

第四，社会效益目标。

体现“以人为本”理念，提高城市公共交通服务质量。缓解城市交通拥堵，减轻城市交通管理、道路建设压力。

二、车载监控设备

1. 实现车内外音/视频同步实时监控/录像

在营运车辆内安装2—4个摄像头和拾音头可对整个车辆音/视频的状况进行实时监控和录像。一方面监控司机的驾驶行为，可时时提醒司机安全驾驶，同时监看车前车后路况，有效避免车辆转弯、刹车、停车时可能发生的追尾、碰撞等事件；当发生交通事故时可以提供交通事故处理的依据。另一方面对于在公交营运车辆上进行违法犯罪行为的不法人员会产生有效的震慑作用，防范杜绝不法分子作案；同时可以监控乘客投币、刷卡过程，防止逃票和司乘人员窃取票款的行为；对声音的录制为事后取证提供了更有利的证据。

2. 实现汽车行驶状态记录（黑匣子）

提到黑匣子人们就会联想到飞机，通常会把黑匣子安装在飞机上用来存储飞行记录，当发生事故时用来分析事故原因。但近年来，黑匣子技术也逐步应用到汽车上。汽车黑匣子是新一代汽车安全设备，拟从法律上保护遵守交通规则的驾驶员，因此，它是继安全气囊、ABS刹车系统之后又一个有望普及的车载安全设备。目前，单独的汽车黑匣子主要安装在出租车、货车、大巴等上面，用于记录车辆行驶速度、距离等基本行驶信息。汽车黑匣子可以记录多种数据并在发生事故时用来判断事故原因。它不仅可以记录一段时间内的车辆行驶记录、事故前后一段时间的速度和陀螺传感器的车轨数据、转弯角度等，而且也可以记录刹车、离合器、发动机RPM、开关车灯等记录。

黑匣子的作用包括：发生事故时可以提供准确的证据，尤其是可以解决没有目击证人时可能发生的纠纷，当发生事故时，从汽车黑匣子收集证据资料，即使没有目击证人也可以重现发生事故时的状态。

通过分析零件质量提供可提高行安全的基础数据。黑匣子通过记录各种行驶和操作数据，发现机车的重大缺陷，从而做到防范于未然。

通过事故分析发现交通系统存在的问题和提供改善交通环境的数据，不仅可以提供事故前后的各种数据，而且可以通过记录查看平常是否紧急加速、是否急刹车等行驶数据，以此分析并改善不良驾驶习惯，起到预防事故作用。

用于公路营运的载客汽车、重型载货汽车、半挂牵引车将安装、使用相当于飞机“黑匣子”的行驶记录仪，实时记录车辆运行和驾驶人驾驶活动的有关信息。这是中国刚刚公布并施行的道路交通安全法实施条例里的规定。

智能车载监控终端集成了行车记录仪功能，采用GB/T 19056–2003国际标准，其主要功能为：

（一）预防事故功能

（1）超速报警：当车速超过超速报警门限值（可设置80公里/小时）时，发出报警声，提醒司机减速；

（2）超速记录：超速报警门限值10公里/小时后，将记录超速次数、开始超速的时刻、持续时间、最大车速值、驾驶员姓名及编号；

（3）疲劳驾驶纪录（超时记录）：当同一驾驶员连续驾驶超过规定时间，则作为疲劳驾驶记录下来同时提醒驾驶员注意。

（二）行驶管理功能

（1）开、停车记录：记录车辆每一次的开车时刻、停车时刻、行车时间和驾驶员姓名及编号；

（2）每日统计：记录每日行车记录；

（3）行驶状态数据记录：能记录至少360小时每分钟的平均车速和行车状态。

（三）交通事故分析功能

可记录车辆最后10次事故疑点数据。

三、车载安全设备

（一）公交车行业痛点

1.运输安全形势严峻，缺少主动安全防控设备

公交车行业最大的问题是运输安全形势严峻，城市交通复杂多变，碰撞事故损失严重，急需促进和提高行业安全生产水平的解决方案，有效降低事故率，降低运输成本，提高运输效率。

2.缺少驾驶员不良驾驶行为实时管理及改善设备

疲劳驾驶、走神、吸烟、打电话、超速、急加减速、急转弯、不打转向灯等不良驾驶行为仅依靠现有的监控系统，非高清视频画面取证难，工作量大，要做到交通运输管理部门规定的不超速、不疲劳驾驶、不打电话，对于体量很大的公交车安全监管要付出的人力物力成本巨大，而且效率低。

3.车队安全大数据管理平台不够全面，缺乏碰撞风险、疲劳检测、不良驾驶行为分析模块

公交车运输安全管理需要信息化系统的支撑，对于事前预防、事中监管、事后取证需要智能化管理，进行智能大数据分析和处理，从而在运输环节中起到规范管理作用，为车队管理人员提供安全监督和管理手段。

现行的综合监控信息化系统仅通过GPS实现了对车辆位置的实时跟踪，超速、超载、超员等行为的报警取证，缺乏安全驾驶碰撞风险、疲劳检测、不良驾驶行为风险模块。

（二）公交车主动安全防控需求

1.高科技主动安全驾驶辅助防控硬件设备

需要有效的高科技主动安全驾驶辅助防控硬件设备（预防碰撞的主动安全预警系统、疲劳驾驶检测、不安全行为检测、盲区监测预警等设备），及时进行防碰撞报警及盲区监测，对事故进行公交智能化防控，提高安全生产水平，降低事故率，提高乘客舒适度，降低运输成本，提高运输效率。

2.全面的公交车实时智能化监管平台

随着技术的发展和行业应用的深入，信息化系统功能逐步丰富，需要建设更加安全驾驶综合监管功能的高整合性安全管理平台，既能满足比较完整地监控到“五不，两确保”中提到的各项要求，确保运输企业和运输管理部门能有效地介入监管运输过程，为交通安全保驾护航，又能进行智能大数据分析和处理，从而在运输环节中起到规范管理作用，为车队管理人员提供安全监督和管理手段，能够有效了解客车运行状况，科学合理地进行司机考核。

公交车主动安全防控系统解决方案，通过ADAS汽车前方防撞预警系统、盲区监测预警系统、人脸识别+疲劳检测系统、4G网络实时上传系统等硬件设备，利用驾驶员和车队安全管理平台进行大数据统计分析，与车队安全管理咨询培训相结合的配套管理方案，有效改善驾驶员不规范驾驶行为，提升企业安全管理水平，防范事故于未然，为司机和企业提供运输安全保障，有效降低事故率，降低车险和运输成本。

3.硬件设备

（1）ADAS汽车前方防碰撞预警系统。

设备功能：行人防碰撞预警PCW、高速防碰撞预警FCW、车道偏离预警LDW、低速前碰撞预警UFCW、前车离开提醒FVSA、安全车距预警HMW、行车记录仪DVR（1080P像素）、超速提示（SLI）、交通标志识别（TSR）（仅限速）。

（2）疲劳检测报警系统。

设备功能：左顾右盼、低头、闭眼睛、打电话、吸烟、打哈欠、不在岗。

（3）盲区监测预警系统。

设备功能：左右盲区监测预警，预防和降低变道和转弯产生的碰撞事故。

第七章

动态公交的算法基础

第一节　动态公交的算法规则

动态公交本质上是拼车，意味着订单与订单之间会互相影响，合乘的乘客会让对方的路线改变，从而产生绕行，增大乘车时间。同时，在同一辆车上的乘客们提供了多个停车点，系统需要将这些点串成路径，使行驶时间最短且保证每个乘客的体验。

因此，系统在分配订单的时候，必须要有一定的限制，如：不能让直达时间10分钟的乘客，拼完后需要花30分钟才能完成行程；通知乘客8：00左右会到达，这个时间不能变动太大，不能无限在8：00前加其他订单等。

本章节从不同场景分析需求，选择算法规则，简单介绍算法规则中的限制条件如何生效，最后给出一些常见的限制条件和落地后一些运营方提出的限制条件。

一、业务场景对算法选择的影响

提到网上约车，人们第一个想到的一般是滴滴。滴滴前期有多种约车模式，如派单、抢单等，现在更多的是派单。这种分类是从订单分派的方式出发，不同的分单方式不仅需要的限制条件不同，甚至连算法都是不一样的。

那么我们的系统应该选择派单还是抢单？

派单，意味着系统需要替司机考虑是否顺路，满足一些条件，最关键的是一个订单只会分配给一个司机。

抢单，系统需要给合适的司机推送，司机有更大的选择权，分配过程有两个阶段，第一个阶段每个订单对应多个合适的司机，第二个阶段每个订单被确认分配给一个司机。

派单适用的算法有很多，如插入法、变邻域法等；抢单的算法更偏向于推荐算法，从司机行程和订单的匹配程度、司机和订单距离、司机接此类订单的意愿、司机的服务水平等出发计算最合适司机的前几名推送消息，然后交由司机决定。抢单的两个阶段递进的权力在司机手中，司机确认接单后阶段才会跳转，派单中的算法不适用于抢单，因为第一阶段违背了派单中的一个订单对应一个司机，第二阶段由司机控制，不需要派单分配过程中的寻优算法。

另外，派单和抢单的分配决定权归属不同，抢单的分配决定权在司机，派单的分配决定权在系统，这意味着派单需要系统考虑的限制会比抢单多得多，计算量会更大，对系统的要求会更高。

例如，派单模式下，一个订单预约10分钟后出发，有三辆空车，A司机距离起点1分钟，B司机距离起点5分钟，C司机距离起点10分钟，那么我们从成本角度考虑，大概率是分配给距离最近的A司机，但是这里面存在一些问题：

（1）如果车辆是公交车，A司机是否可以停靠10分钟；

（2）有些司机会反馈需要等待时间过久；

（3）换成C司机，空驶距离过长；

（4）如果有顺路车，顺路车是否可以在此等待，车上乘客可能会有意见。

如果是抢单模式，系统只需要将订单给这些司机推送，A司机愿意等待就可以接单，C司机愿意承担空驶距离也可以接单，顺路车辆不愿意等待可以不接。系统需要考虑的因素大大减少。

然而，我们服务的车辆目前以小型公交或者商务车为主，由运营公司集中管理，派单可以帮助司机减少操作、减少挑单、提升工作效率，因此派单算法必不可少。目前，系统中使用的是动态的Ruin & Recreate算法，它会通过一定的策略将车辆路径破坏重组以找到满足条件的更优解，具体会在后面章节介绍。

二、限制条件生效逻辑

在我们的系统中，限制条件是区域或者某个场景的属性，区域中可配置多种限制条件以及不同的参数要求，算法运行时会获取对应区域的限制条件进行计算，以满足不同区域的特殊运营需求。

限制条件为多级配置，默认配置一套全局的限制组合，在没有其他要求的情况下自动使用；在默认条件之上，可以设置区域的限制组合，覆盖默认条件；如果单个乘客或者司机需要独有的条件，该特殊条件可覆盖区域的条件。比如，某个乘客愿意将呼叫范围扩大、等待时间延长等。

因为限制条件可以配置到区域级别，所以每个区域可以按照运营需求在管理后台选择不同的条件，并配置上自己需要的参数。比如，运营区域小的城市对接驾的行驶里程没有要求，但是运营区域大的城市，可能会需要限制接驾里程小于3千米之类。在上述结构基础上，我们考虑到限制条件不应当是简单的人为制定参数，而是在运营中获取到大量数据后，计算和检测指标，进行实时地调整参数。因此，对于某些限制条件，我们设置了动态参数监控和调整机制，管理员在配置限制条件时，可以选择固定参数或者动态参数。如果是固定参数，则后续不会实时调整参数值，如果是动态参数，在运营过程中，基于一些指标的计算和衡量，系统中会自动调整对应的参数。例如，乘客的候车时间设置为10分钟，意味着接单的车辆不会超过10分钟的行车时间，但是100人呼叫和1人呼叫时，这个时间应当自动调整，呼叫密度很大时，应当认为供不应求，从而加大对应的候车时间。限制条件在我们的系统中分为乘客限制、司机限制、预计算限制和复合限制四大类，不同种类的限制条件的作用方式和功能不同。

乘客限制为订单的属性，如候车时间、绕行程度、同行乘客限制等；司机限制为司机的属性，如接单范围、座位数限制等；预计算限制为区域的限制，如大致方向计算、人车快速筛选等；复合限制相对复杂，目前我们会为司机生成返程车次和休息车次，用于司机的排班以及使司机回场站不会太晚。

在系统运行过程中，外层系统会读取每个区域的限制组合，首先为复合限制生成需要的数据，如系统调度车次；然后处理预计算限制，内层系统根据解析的需求进行预计算。对于乘客限制和司机限制，置于乘客和司机的属性中，发生变更后同步到内部系统，算法实时修改对应要求，计算时会考虑每个乘客和司机的各自条件是否被违背，综合给出人车最优组合。

三、常见的算法限制

在系统开发初期，我们从出行行业的需求和乘客角度出发，开发了一些常见的限制条件，以下是几个简单的限制。

1. 同行订单数限制（专车、提升体验）

参数：整数n。

描述：如果订单中包含该限制条件，则计算时，如果有拼成，会考虑该乘客的起点到终点这一段，即车上行程，保证车上行程拼单数小于等于n（自己算一单）。

举例：特别的，如果将n设置成1，则该单变成专车单，因为不会和其他人拼成，但是不会影响到车上行程以外的拼单。

如，第一个人，从A–B，第二个人从C–D，可以有A–C–B–D这样的路径；如果第一个人是专车，则禁止A–B中间加入其他订单，A–C–B–D就不满足条件，但不影响A–B–C–D这样的路径拼成。

2. 总人数限制（座位数）

参数：无。

描述：考虑分组的容量，比如在真实分组（即关联了车辆）的情况下，会自动获取车辆的座位数作为上限。在分段计算车上人数时，每一段都不会超过座位数的上限。举例：如座位数为5，路径为A–B–C–D，车上无乘客，其中A–B是第一个订单，共5人，C–D是第二个订单，共4人；如果第三个订单过来，是1人E–F，具体是否违背条件，需要考虑第三个订单的加入位置。

B–C–D–E–F，车上人数变化是0–5–0–4–0–1，都没有违背；

B–C–E–D–F，车上人数变化是0–5–0–4–5–1，也没有违背；

E–B–F–C–D，车上人数变化是0–5–6–1–0–5，其中有一段违背，这种规划会被该条件限制。

3. 绕行时间比例限制（最多可比直达增加的比例）

参数：实数r（比例）。

描述：如果订单中包含该限制条件，则计算时，会考虑乘客从起点到终点的实际耗时，与估计的直达耗时的比例。因为乘客会受到其他拼单用户的影响，一般实际耗时是多于估计的直达耗时的，但不能过久，否则体验下降，直观的就是会绕路过远。r越大，越容易拼成，也越可能绕路。乘客在未上车时，我们会将估计的下车时间减去估计的上车时间，与直达耗时比较；乘客上车后，我们会将估计的下车时间减去实际的上车时间，与直达耗时比较；

举例：如果r=1.5，那么乘客的车上耗时上限，就是直达耗时 ×1.5；

直达耗时40分钟的乘客，车上耗时上限60分钟；

直达耗时20分钟的乘客，车上耗时上限30分钟；

直达耗时5分钟的乘客，车上耗时上限7.5分钟。

4. 接单时间窗限制（如最长等待时间）

参数：无。

描述：如果订单中包含该限制条件，则计算时，会计算每个人的上车时间是否在自己要求的时间范围中。

举例：每个订单会自动生成上车时间范围需求，实时下单且最长等待时间为10分钟。如8：00乘客下单，那么乘客的上车时间范围是8：00–8：10，如果到8：03还没有叫到，时间会自动调整到8：03–8：13。对于预约订单，乘客可以自己选择可上车的时间范围进行预约。预约订单会对这个限制条件的要求更高，因为后续的订单会影响到前面已经确定的订单的接驾时间，程序中会自动适配，寻找到能同时满足这些乘客的接驾时间，但是这也意味着之前已经定下的接驾时间是有可能改变的。以上限制都是乘客限制和司机限制，此类的限制还有很多，具体的细节就不再展开，目前系统中共有17种不同需求的限制，包括：

- 绕行时间限制——从时间值而不是比例角度限制；
- 局部绕行限制——保证即将到站乘客体验；
- 回头路限制——防止回头路；
- 行程停止拼单限制——某行程或订单前不再拼单；
- 发车成本限制——停站车辆或者机场场景下要求满足收益再发出；
- 接单时间波动限制——接单后的接驾时间可变化范围限制；等等。

四、实践中增加的算法限制

即便我们为系统预先设置了一些限制条件，但在实际操作中，由于多个区域的形状、大小、城市政策等各不相同，每个区域或多或少都提出了一些要求，这也直接导致了预匹配限制和复合限制大类的增加。

最早提出的是回场时间限制，某个城市的动态公交结束运营时间为22：30，司机在接近运营结束时间还能接到订单，如果订单方向和场站方向相反，司机甚至要过23点才能返回场站。但是，司机不想提前结束接单，他们更希望能接到一些顺路单。与回场时间类似的是司机的排班。前面的章节我们提到，最早并没有考虑排班，但是发现运营后，车辆在线数量不稳定，原因和回场类似。即便管理人员安排了司机11：30—13：00休息，司机也可能接到订单，跑到12点多才结束，导致休息时间被压缩，部分司机13：30之后才上线或11：00就停止接单，在线车辆数不可控。为了解决上述问题，考虑到我们已有的动态公交和定线公交结合的模式，动态公交接单的时候是会考虑到定线公交车次是否冲突的，且定线公交车次的几个重要属性为：开始时间、结束时间、开始地点、结束地点。因此系统为配置了回场时间和排班的司机自动生成了休息车次和回场车次。例如，11：30—13：00休息，如果不配置休息车次的起点站，则在任意地点都可休息，如果配置了休息点，那么在11：30前接单时，顺路订单才会被这个司机接到，并且保证了司机能在11：30到达该休息点。

通过系统自动生成车次的复合限制，解决了司机运营时间的管理问题，在线车辆数更好控制，司机的休息以及下班时间也不会受到影响。再如，接单行驶距离限制。基础的限制中有乘客的匹配范围和司机的匹配范围，也有候车时间等，但是依然存在所有条件都满足的场景，司机的行驶距离却很长。运营过程中，一般的匹配范围是3千米，等待时间是10分钟，但是直线距离3千米不等于行驶距离3千米，有司机反馈行驶距离达到5千米，耗时8分钟，这种订单对于成本的控制和司机的情绪都不利。因此，我们增加了接单行驶距离限制，如果启用固定参数，那么接单的行驶距离会按照配置的要求逐步扩大，1分钟内只接行驶距离1.5千米以下的订单，3分钟内只接行驶距离3千米以下的订单。由于限制条件是按照区域配置的，且不同限制之间相互独立，所以不同区域的新增需求可以单独迭代开发，不会影响其他区域，也不会影响现区域的已有限制，如果验证效果不错，还能给其他区域的运营方选择使用。

第二节　动态公交算法架构

从以深圳蛇口为试点尝试动态公交开始，我们的算法架构在运营过程中经过了多次迭代和重构。

最初，我们认为算法服务于业务，且动态公交业务对算法的需求明显不像学术研究中TSP、VRP等问题描述的那样通用简单，实际的场景对算法有各种出乎意料的限制或者要求。因此最初的算法是业务后台中的一个模块，并结合了很多业务属性。随着业务的增长，单个区域的运营帮助我们快速定位和修复了算法端以及其他各端的问题，同时，算法中也增加了一些用户需要的功能接口。此时，第二、第三个区域的开放带给了我们新的问题。

区域的概念，在服务设计之初就已经考虑过，按设计来说，增加区域虽然没有什么大的影响，但也发现了以下两点问题：

（1）区域的参数配置，作为程序配置的一部分，以properties文件形式存在；

（2）每个区域的要求不同，新的运营区域希望开发新的限制，不使用某些老的限制。

这就暴露了我们的设计没有深入考虑平台使用者的操作方式，无法可视化的在后台管理系统中修改参数配置，也无法在后台管理系统中给不同区域配置不同的参数。如果在算法中给不同的区域使用不同的逻辑，要么出现大量的if else，要么出现很多接口的实现类，新增区域的时候还要单独新增，对运营和维护的压力太大。

而且，我们在新增和修改算法，以及处理不同场景时，类似区域设置、数据并发修改、限制的生效方式等模块无法复用，车辆和司机、订单之间的关系复杂且与业务耦合，促使我们继续优化系统的框架。

考虑到后续的迭代和发展，算法服务作为核心模块，我们将其单独抽出，与业务部分独立，将内部的结构抽象化、模块化，做成类似java中的JSpirit、python中的sklearn这样的形式，不再为业务变更而修改内部代码。算法内部则按照学术类型算法形式，不考虑具体的业务，先实现出通用模型。与学术类型不同的是，实际运营中不同区域对算法的限制要求，被转换成可插拔的限制条件组合，具体的限制实现在算法服务中，提供外部接口用来维护每个区域的限制条件组合，每个区域的运营公司可自由选择不同的限制配置。如果我们为某个区域新增限制，其他区域运营公司觉得有合理性，他们也可以自己勾选。

在此基础上，考虑不同业务的使用方式，抽象出通用的形式，在算法内层做少量的兼容，在算法外层做业务和算法的调用转化，提供外部业务使用的接口。不同算法切换时，通用的数据交互模块、区域配置模块、限制判定模块、参数自适应模块等可直接复用，做到服务和业务解耦，功能和功能解耦，提升服务稳定性和可复用性。

一、区域配置

区域配置模块作为算法外层的模块，主要是和限制条件相关，配置各区域使用的限制条件和对应的参数、参数是否启用自适应调整。除此之外，还需要配置区域使用的距离测量模式、优化的目标函数、虚拟分组是否启用以及虚拟分组的维护方式。

对算法内层，外层区域配置模块存储的参数会根据在不同的地方传参时带入，比如限制条件中和订单相关的会在创建订单时一起传入，距离测量、目标函数等全局参数则通过单独接口传入。这些区域配置对外提供接口，集成在管理后台系统中。不同区域的运营公司可直接看到目前使用的限制条件、参数、距离测量、虚拟分组等配置，并可以手动增删改查，操作时业务后台会调用区域配置模块中的接口保存在系统中。区域配置中的核心——限制条件在上一章节已经详细介绍过，区域配置模块提供了限制条件的增删改查的功能，并关联到区域。其中参数自适应功能是否启动，决定了后续对该指标的监控与自适应调整。例如绕行比例限制，如果启用了自适应调整功能，当绕行比例小、拼成率低且接单率低时，持续保持是明显不对的，系统会自动调大相应值，但如果过大会导致乘客体验下降，所以需要监控并不断修正。距离测量模块是用来计算站点与站点、车辆与站点距离的，有多种衡量方式，且各有优缺点（见表7–1）。例如，学术研究论文中常用的曼哈顿距离、球面直线距离，也有直接使用导航的行驶距离，以及包含路况的导航距离等，在不同场景中测量方式也不同。学术论文经常默认任意两点的距离已知——通过曼哈顿距离或球面距离直接计算，而实际中为了更好的服务水平，可能需要结合地图导航，甚至是路况。但是，这类算法计算时，需要的点对的数量往往非常庞大，在高德调用时受到限制。

表7-1　　不同距离计算方式优缺点

	优点	缺点
曼哈顿距离	1. 计算简单、快速 2. 没有使用量限制 3. 大致代表相对距离	脱离真实距离，是坐标系的相对距离
球面直线距离	1. 计算简单、快速 2. 没有使用量限制 3. 符合直观距离	不是行驶距离，和行驶距离正相关，但误差大
OSRM	1. 没有使用量限制 2. 真实的行驶距离	1. 需要自主维护地图 2. 小城市路网缺乏 3. 没有真实路况 4. 计算耗时
高德导航	1. 真实的行驶距离 2. 有路况	1. 调用量限制 2. 计算耗时 3. 成本限制
地图服务	1. 真实的行驶距离 2. 可以有路况	成本高

不同场景下，我们可以选择不同的测量方式：

➢ 订单、车辆较少的情况下，可以使用真实的地图服务，而量大之后则可以使用抽象的距离，加快度量的速度，相对的服务水平不会影响很大。具体多大的数据量需要改变，我们通过仿真系统对各种测量方式都进行数据仿真，在运营成本、运算速率、服务体验上综合考量，给出合适的选择。

➢ 提到仿真系统，我们在衡量算法优劣时，一般也会使用抽象的度量方式，提高速度，降低成本。

➢ 将算法服务复用到城际拼车时，考虑到行程的距离长，也可以使用抽象度量，因为此时精度要求不高，对服务水平的影响较小，反而响应速度的提升能更好地服务用户。

目标函数，即算法运行时，对不同方案衡量优劣的标准，目标函数的定义决定了不同组合方案哪个更优。由于不同区域、不同运营方的目的可能不一，所以方案选择的权利也放到了管理系统中，可以考虑运营成本低，如空驶里程少、行驶里程少，也可以考虑用户等待时间短、订单接单率高等。但这些条件往往是互相影响的，既有正面影响，也有负面影响，模块中会组合选择的条件并加上权重，最终形成该区域的目标函数。

虚拟分组，主要服务于无实体组的情况特别是不考虑运力时的分组。对于抢单，我们在分配订单时需要考虑的因素较少，更多的权力下放给了司机，系统只需要选择大致合适的司机并发送订单，愿意的司机自然能接单。但是对于派单，系统要考虑的就大大增多，因为最终系统决定了订单和司机的组合。特别是，在预约派单时，会遇到未来的运力无法在当前确定的情况，因此我们也给了虚拟分组的概念以及虚拟分组维护的选择。在动态巴士衍生场景下，如城际拼车、机场拼车等，平台运营方更多地会选择虚拟分组，因为运营方趋向于根据需求来安排运力，而不是提供大量运力等待需求。

二、数据交互模块

数据交互模块为算法内层提供数据的读取和数据的保存。算法内层在计算时需要获取订单、车辆等信息，该模块会从不同数据存储源获取数据，并转换成标准数据，提供给内部计算。内部切换算法时，因为数据交互模块已经将数据标准化，所以不需要做任何改动。特别重要的是算法计算的结果存储，算法是多节点部署的，不同节点计算结果并不相同，且这些结果可能是相互影响的，不能简单地做覆盖或回退。并且，除了主流程的算法计算会影响到数据，业务调用接口也会在其他线程中对数据库造成影响。在数据交互模块中，我们将分组和订单映射为二部图上的点，关联的分组和订单进行连线，上面一行为车辆点，下面一行为订单点。在不同的节点计算后，先判断计算结果是否比现有的更好，存储前确定已修改的分组和订单，通过计算最大连通图，选择出不受影响、能够更新的订单和车辆，做到最大化更新当前结果。

如图7–1所示，由于中间的车辆和第二行第五个订单信息变更（车辆划站、订单取消等），导致和他们关联的车辆和订单都受到影响，无法进行更新。只有第一辆车和其对应订单可以直接更新。

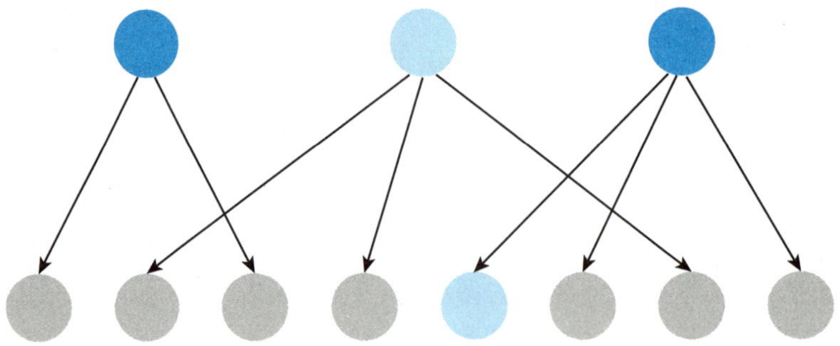

图7-1 最大可更新范围

三、参数自适应模块

在限制条件和参数做成配置后，我们考虑增加了参数自适应模块，主要用于不同指标、参数的检测预警和自动调整参数。

首先针对不同指标进行计算，例如实时成交率、等待时间、订单数、车辆数等。一方面用于指标的检测和展示，给平台运营方可视化的数据呈现，另一方面作为监控，当指标异常时第一时间通知运营人员，防止运营事故（见图7-2、图7-3）。

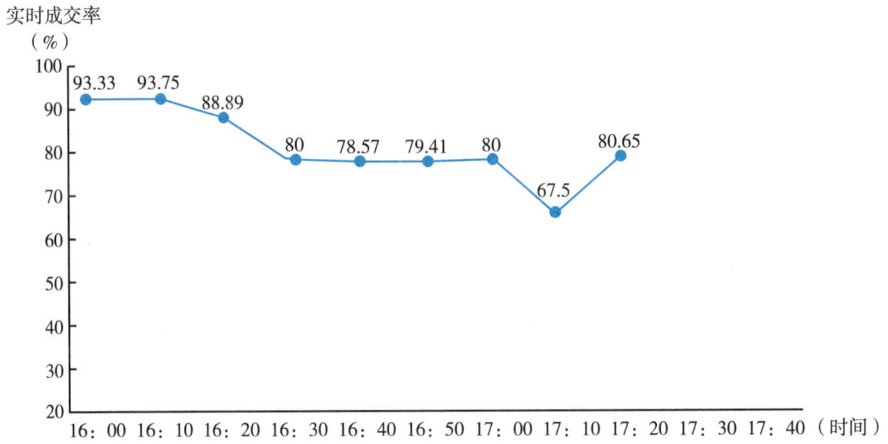

图7-2 实时成交率监控图

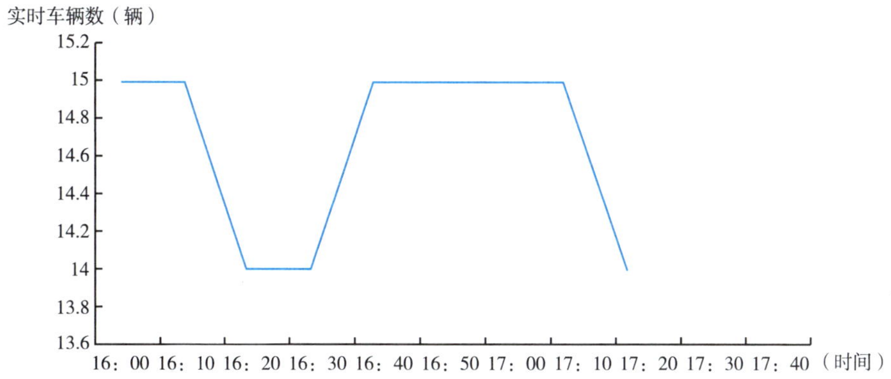

图7-3　实时车辆数监控图

其次，对于不同限制条件中不同的参数建立机器学习模型，通过以往的指标和参数结果训练，在实际运营时，做到实时输出参数的实际值和期望值，反馈到内层算法中，进行参数的实时调整。例如，订单的呼叫成功率下降，可能影响的参数有绕行参数、车辆匹配范围、乘客候车时间上限等。当绕行参数、候车时间调大后，乘客的体验可能下降，所以即使成功率没变，接单数增加、车辆数未改变的情况下，绕行参数等不会继续增加。具体场景会根据机器学习算法计算的期望参数大小进行调整。

四、目标函数模块

算法在限制明确、算法内部逻辑明确后，运行迭代时需要的指引就是目标函数。由于不同区域的营运目的不同，运营平台不同，可能会采取不同的营运策略，因此不同区域的优化方向被配置在了区域配置中。在算法运行时，组合成目标函数传递给算法内层。例如，我们在蛇口区域使用过推荐上车点的运营方式，目的是提高司机接单的顺路度，同时提高拼成率。因为对于用户来说，在马路这边上车和马路对面上车付出的代价可能仅仅是一两分钟的步行，但是对于司机来说，可能是多开5分钟的车绕路、调头，因而会降低乘客的拼成率，也会降低司机的驾驶体验。

在这种场景下，原来的优化目标——降低运营成本，即减少行驶里程，就偏向于保障司机体验。可是，这样会导致系统引导用户步行很远，让司机更顺路，这隐形提升了用户的叫单成功率，但是显性地降低了用户体验，特别是有些用户看不懂地图，找不到站点。因此，优化目标就需要改变，如果改成用户步行最短，又会导致司机绕行严重，这两个目标就属于对立的目标，需要在组合时增加权重来平衡。除了上述例子，还有空车优先、高速优先、节省运力等策略，不同策略下，我们会给系统设置不同的优化目标和权重。

第三节　动态公交算法原型

动态公交在场景建模上，乍一看很像VRP问题。车辆路径问题（Vehicle Routing Problem–VRP，见图7–4）中，有m辆车在起点仓库位置，需要向n个不同客户运输一定数量的货物。问题需要确定每辆车满足哪几个客户，顺序是什么，满足所有车辆从仓库出发，所有客户只被服务一次，并返回仓库，目标一般是最小化整体的运输成本。

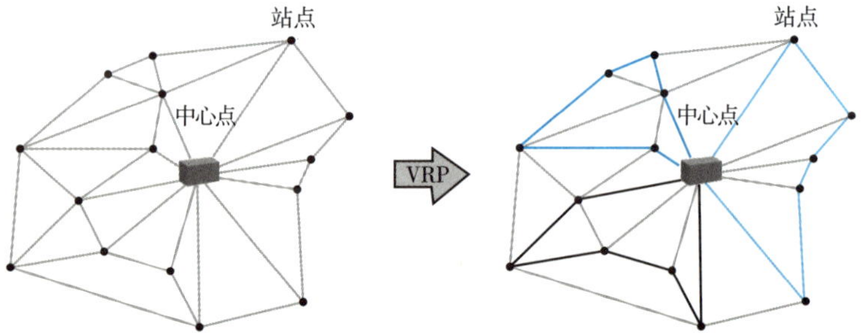

图7–4　车辆路径问题

实际上，动态公交更接近DAR问题（Dial–A–Ride，见图7–5）。Cordeau和Laporte曾经给这个问题下过定义：DAR问题即在满足顾客请求的前提下，在一个由所有节点和弧组成的完全图中组织车辆的行驶路线，使得这些行驶路线达到例如成本最低的规划目标。也就是说这个问题中，车辆的起终点是没有限制的。

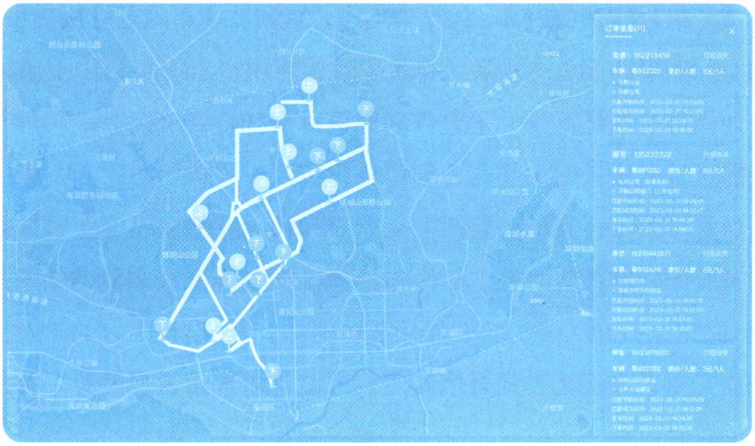

图 7–5　DAR 问题

一般的派单，核心原则是，就近分配；同时，也需要考虑一些限制，因此有时候无法将最近的车辆分配给乘客。目前，滴滴的派单算法最大的原则就是“就近分配”（70%—80% 的订单就是分配给了最近的司机），目前世界上其他的竞品公司（包括 Uber）也均是基于这个原则分单的。

假设这时我们有 20 个乘客，20 个司机，这些乘客都可以被这 20 个司机中的一个接驾，系统需要把 20 个乘客都分配出去，并且让大家的总体接驾的时长最短。听上去是不是有点复杂？我们套用一下组合数学的知识，其中可能的解法存在 20 的阶乘那么多，20 的阶乘是什么概念呢？ $20 \times 19 \times 18 \times \cdots \times 1=2432902008176640000$。每秒算 1 亿次，也需要 7.71 年才能算完。

由于实际运营对算法返回结果的速度要求较高，订单密度不像离线的 VRP 等物流规划问题那么大。只需要短时间内尝试搜寻新订单和车辆的不同组合，找出最优解甚至较优解即可。从这个角度出发，最简单的算法，来一个订单，遍历所有可能的车辆，尝试车辆路径的不同位置加入当前订单，考虑前面章节提到的限制条件，计算得到一个最优的输出。在低密度订单的情况下，该算法给出的解其实大概率就是最优解，即使换一个更好的算法，也没有办法提升。但是随着订单密度的增加，续单时间的增加，订单的进入顺序可能会对结果产生很大的影响，而且计算的组合数量太大，根本无法产出较优解。例如，A车为空车，此时在A车附近有用户甲下单，1人单，总距离3千米。5秒后，在A车附近有用户乙下单，10人单，10千米。在两人能拼的情况下，平台方和司机肯定都希望全接上；在两人不能拼，只能选其一服务时，平台方和司机肯定都希望选用户乙。而从最简单的算法出发，在第一个订单进来时，该订单就已经分配给A车了，导致用户乙无法被服务。更普遍的是，订单abcde按顺序进入后，得到的结果是A分组中有abc三个订单，B分组中有de两个订单，而实际上acde分配给A，b单独一组会更节省运力，提升顺路度。因此，随着问题规模的扩大，我们要考虑更好的算法。

一、Ruin & Recreate

Gerhard Schrimpf; Johannes Schneider; Hermann Stamm-Wilbrandt; Gunter Dueck于1999年发表的文章Record Breaking Optimization Results Using the Ruin and Recreate Principle定义了这个算法，因其广泛的适用性和实用性为大家所使用。顾名思义，该算法分为ruin和recreate两部分，ruin负责破坏，recreate负责重建，图7-6是文章中的截图，从左至右第一幅图，白点为客户，连线为路径，选中圆形区域内的客户和路径；第二幅图，ruin这个区域中的路径；第三幅图，通过一定策略recreate，得到新的路径。

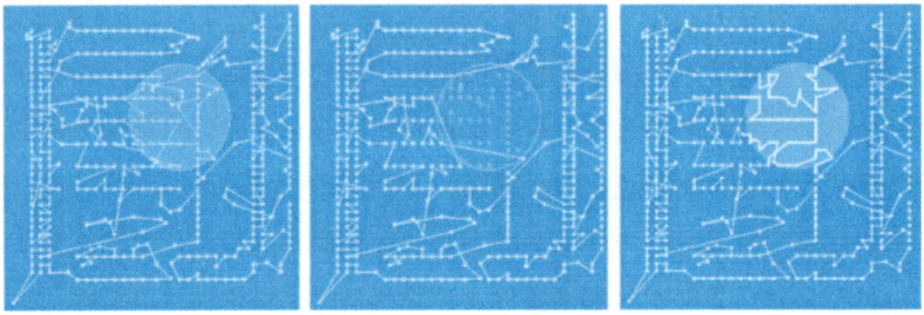

图7-6 Ruin & Recreate算法流程

算法流程清晰明了，效果非常好，且可扩展性强。

首先，ruin的过程中，我们可以定义多种算子，如图7-6中的区域算子；

也可以是随机选择一辆车ruin的随机算子，可以是打分后ruin的评分算子，可以是按概率选择的权重算子。只要有一定的道理，我们都可以加入进来进行ruin的尝试。我们用得比较多的是评分算子和批量权重算子，在订单密度低的情况下评分算子的表现已经足够好，但是在订单密度高时，特别是机场拼车这种场景下，不使用批量算子会导致算法陷入局部最优。同样的，recreate的过程中，我们也可以定义多种算子，其实就是生成和选择新方案的算子。例如贪婪算法、最优插入算法等。我们使用较多的为贪婪算法，指导方向为新增里程最少和成本最低两种。

实际上，在ruin和recreate中可使用的算子非常多，用原作者的话来描述，我们的算法只是一个流程概念，我们有一整个宇宙的方法来重建。

算法要求不违背限制条件的要求，这部分的计算则交给了限制条件模块；目标函数的定义，交给了目标优化模块。

二、RTV Graph

该算法作者是Javier Alonso-Mora，文章为On-demand high-capacity ride-sharing via dynamic trip-vehicle assignment。

我们选择该算法实现的原因是，它和其他算法一样，任何时间可以输出当前的最优解。此外，它有一个巨大的优势，计算量最高的步骤是天然分布式的，这也就意味着我们可以通过加节点进行加速。

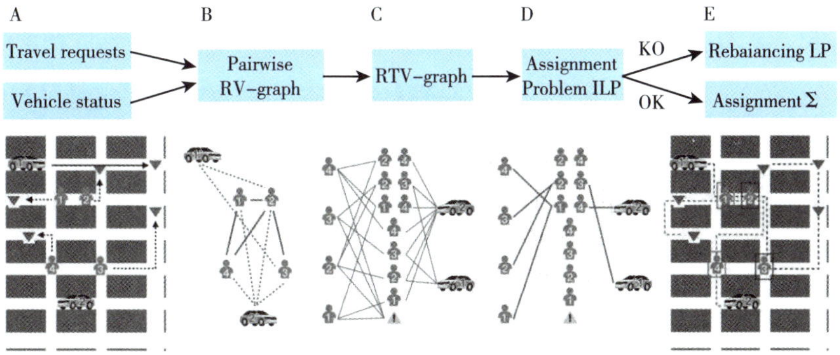

图7-7　RTV Graph算法流程

图7–7是文章中的流程图。

A.获取订单和车辆的状态

B.计算单个车辆和单个订单的可接送方案，和订单之间的潜在可能性

C.组成订单—行程—车辆的三部图，行程部分为潜在订单组合

D.通过整数规划找到最优解

E.分配订单和运力平衡

在整体流程中，几个关键步骤是

◆ B中的RV–graph的生成，即车辆和订单的可行性判定

◆ C中T的生成，即不考虑车辆时，订单与订单的组合

◆ D中整数规划的求解

D中整数规划求解是一个汇总的过程，因为该问题下的限制条件简单，只要约束T只被一辆车接送，同一订单只在一个连线的T中，且问题规模较小，目标函数为最大化连线数量，所以这个整数规划问题求解起来速度很快，几乎是瞬时求解的。B中的RV–graph的生成，需要判定车辆和订单的可行性，这是不考虑其他订单的情况下，因此是彼此独立的。且针对一辆车来说，从时空分布上首先就能筛选出少量的订单来进入匹配，所以这一步的运算量也相对较小。C中T的生成，是该算法运算量最大的部分，和其他算法相比，其他算法放在不同领域或方向上的优化尝试在本算法中变成了T的不断累加。T生成时按照行程中订单数量的由少到多进行计算，先生成车次中只包含1个订单的行程，然后在此基础上生成车次中包含2个订单的行程。并且，文章中给出引理，如果行程T由T–1（订单1、订单2）和T–2（订单3、订单4）生成，且T是可行的，那么T–1和T–2一定是可行的。因此，在T的生成中，只需要从先前生成的行程组合后续的行程，就像一个金字塔逐渐搭建。该算法中T的生成耗时很高，因此在实际使用时也需要做其他优化，包括多线程处理搭建过程、提前聚合相似订单，否则在很多场景下，截断输出时始终得不到一个合理的解。

例如，30个订单均是从A附近到B附近，如果交给T的生成流程，按金

字塔搭建的方式进行，那么组合成一个完整的30个订单耗时是很大的，但类似行程完全可以通过其他方式同时进行，并能快速输出后反向帮助T的生成流程。

三、其他算法

除了算法流程的主体，在其他的功能实现中，我们也使用了很多种类的算法，包括以下几种。

（一）聚类算法

用于计算区域内的订单热点，通过同时段的历史呼叫数据，再叠加实时呼叫的数据，进行DBSCAN密度聚类，或区域有车辆调度需求进行k-means聚类，计算后可以得到当前时间段的热点呼叫区域。

将得到的数据在管理后台进行订单热点地图展示，运营人员可以直观地看到热点站点（见图7-8）。

另外，输出的数据也可以传入调度模块，通知司机端进行车辆调度，避免运力空间分布不均匀，使运力效果最大化。

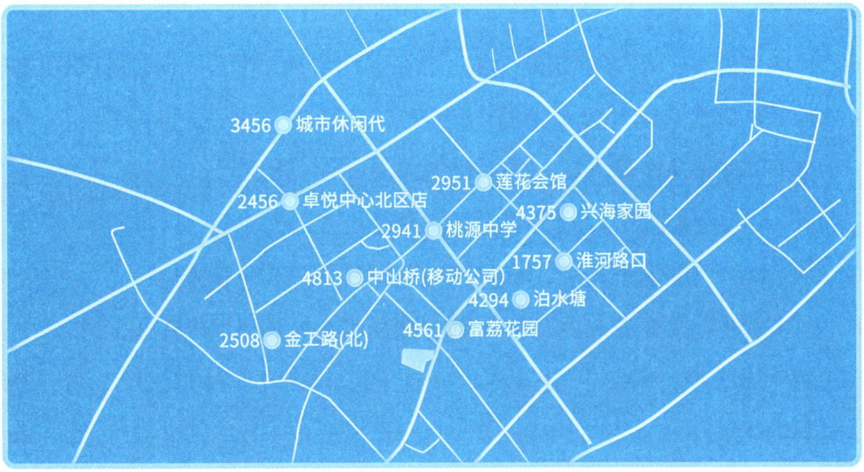

图7-8 热门呼叫站点

（二）动态规划

由于recreate后的车辆路径，在加入新订单时，前面已经锁定的订单相对顺序是不改变的，且司机的需求和产品给出的功能可能不一致，比如我们系统可能是按照最顺路（路程最短）给司机进行的路径规划，但是有些司机可能有其他需要，如时间最短、高速优先等，所以我们同时给最后的路径提供了二次规划功能，使用最多的是在机场拼车、城际拼车的场景中。

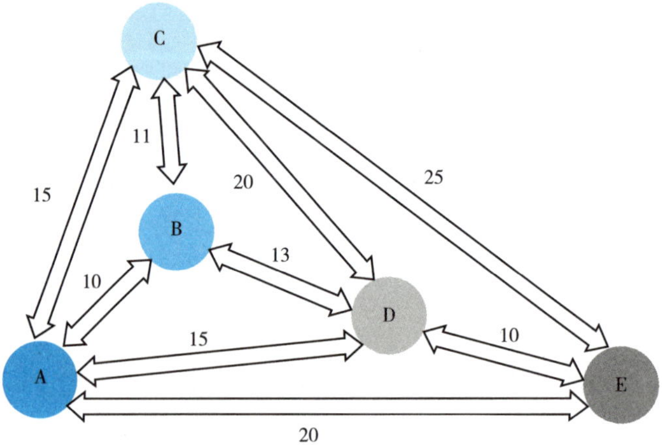

图7-9　各地两两耗时示例

简单来说，如图7-9场景，有四个订单都是从A出发，分别前往BCDE。如果订单是依次进入并且锁定的：

（1）B对应乘客进入后，给司机的路径是A→B

（2）C对应乘客进入后，给司机的路径是A→B→C

（3）D对应乘客进入后，给司机的路径是A→B→C→D

（4）E对应乘客进入后，给司机的路径是A→B→C→D→E

为什么第三步中，路径不是A→C→B→D呢？明明A→C→B→D的耗时只有15+11+13=39，比A→B→C→D的耗时10+11+20=41更短。原因有两个，第一，是因为路径已经通知到司机和用户，随意更改对用户体验不好；第二，是因为让之前的路径保持不变，可以显著减少运算量，只要计算两个插入点即可。

因此，我们在实际使用时，动态公交一般不进行二次规划，用户体验优先。而城际拼车和机场拼车，路程较远，更容易出现司机、乘客有个人需求的情况，此时可以通过二次规划，让系统根据用户的方案选择进行动态规划，快速输出一条最优路径。由于车辆路径点数量较少，所以动态规划的速度满足条件，并且是最优解。

（三）整数规划

在RTV-graph的主流程中就有整数规划的使用，除此之外，在其他模块中，比如空车调度，已知热点区域和车辆分布的情况下，怎样调度车辆，让车辆前往相应的热点区域，并且总的调度里程最短，这也是一个典型的整数规划问题。

例如，我们有10辆空车，不用考虑车辆上的订单影响，需要调度前往5个热点区域。

首先，通过热点区域的权重，即历史呼叫数量和当前未满足订单数量多少，可以给出每个热点区域需要的车辆数。

其次，计算每辆车到每个区域的距离，形成费用矩阵，其中每个元素C_{ij}表示第i辆车前往第j个热点区域的里程。

我们用x_{ij}为1表示第i辆车需要前往第j个热点区域，否则x_{ij}为0，那么

$$\sum_i x_{ij}=b_j \tag{7-1}$$

$$\sum_j x_{ij}=1 \tag{7-2}$$

式（7-1）表示第j个热点区域需要有b_j辆车过来，式（7-2）表示每辆车会且只会分配到一个热点区域。最后，对目标函数$\sum_{ij}C_{ij}x_{ij}$求最小，得到的结果就是该区域内的车辆调度方案。这种方案可以支持运营区域内车辆数不多的情况，如果运营区域很大，车辆数很多，就需要使用其他模型计算。

（四）机器学习

机器学习主要用于动态参数的模拟，输入为大量的指标数据，输出是

动态参数，我们使用GBRT算法寻找动态参数和这些指标数据的关系，确认哪些指标数据对参数的影响较大，并通过模型计算得到期望的参数值。

GBRT由多棵决策树组成，所有树的输出结果累加起来就是最终答案。它在被提出之初就和SVM一起被认为是泛化能力（generalization）较强的算法。近些年更因为被用于搜索排序的机器学习模型而引起大家关注。

GBRT核心在于，每一棵树是从之前所有树的残差中来学习的。为了防止过拟合，和Adaboosting一样，也加入了boosting这一项。例如，等待时间限制：为了提升用户体验，用户呼叫时系统会加上一个等待时间限制，让车辆过来的时间小于m分钟。随着路况、呼叫订单数、附近车辆数、平均等待时间等变化，系统应当自动调整这个等待时间限制。我们通过仿真系统模拟，用接单率和完成率作为衡量指标，较好地记录这些变化维度和对应的等待时间m，收集数据后作为GBRT的训练数据。训练后的模型用于线上的参数自适应调整，同时记录实际的接单率和完成率，对效果进行评估。

第四节　动态公交算法仿真系统

在运营初期，整个团队处于摸着石头过河的阶段。区域选择、限制设定、模式选择、运营车辆数等各个层面，都依赖人工的数据分析，甚至是拍脑袋的决策。

为了决策的规范化、算法提升的目标性，也为了运营更有指导性，我们从运营落地的角度出发，从0到1建立了算法仿真系统，服务于动态公交、机场拼车等线上运营的项目，探索不同配置下、不同算法的预期表现。

一、系统架构

简单的架构如图7-10所示。

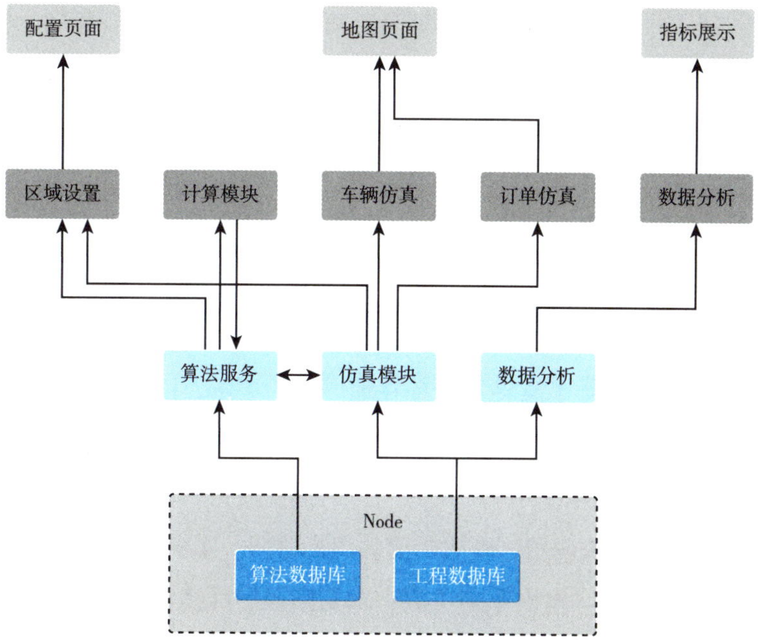

图7-10　仿真系统架构

最底层的数据库，区分为算法数据库和工程数据库，这样的结构来源于线上的架构。在前面的章节中，我们提到实际使用时，为了算法服务和工程服务的解耦，避免业务需求造成算法服务开发维护频率过高，将算法服务和工程服务分离。算法服务更加抽象，很多业务只需要通过不同的配置即可使用同一种算法；工程服务则随着业务需求迭代，服务对外显示和调用算法服务。

所以在仿真系统中，算法服务其实就是真实的线上系统，同样只访问算法数据库，可脱离于实际业务单独部署和运行，提供API供外部访问。仿真模块则代替实际的工程服务的功能，即接受到外部请求后调用算法服务API，让算法同步数据和运算。

工程数据库提供了订单、车辆等相关的实际数据，仿真模块需要实现现实中的一系列操作，例如车辆的上下线、到离站，订单的请求和取消，更细节一些的，需要仿真车辆的路径移动。仿真过程中产生的一系列数据也存在工程数据库中，和实际数据是分离的，可供数据分析和展示模块使用，可实时展示，也可以在计算后横向对比不同的指标。

配置页面，可以配置两部分内容。一是与工程相关的，使用区域配置、站点配置、运营策略配置，可以选择载入工程数据库中不同的运营区域，使用什么类型的站点，以及是否使用专车、拼车，是否预约等运营策略，如果是机场拼车，还有成团条件的运营策略。二是与算法相关的，使用什么算法，算法使用的算法条件组合和条件中的参数配置。

地图页面，整合了车辆和订单在地图上的展示，以及仿真相关的功能按键（见图7–11）。仿真模块，关联了仿真区域id，为每个id配置一个时间戳，存在redis中，同时有时间设置、仿真速度变更、暂停和开始功能，并提供API给其他模块调用，获取当前的仿真时间。车辆和订单通过仿真后，实时输出到地图上，输出车辆位置、车辆路径、后续订单，以及各个订单的上下车位置，在这个模块中，可以持续开发，输出各种地图可视化数据。例如，通过数据分析模块计算后存入订单的热点分布、车辆的可服务范围等。

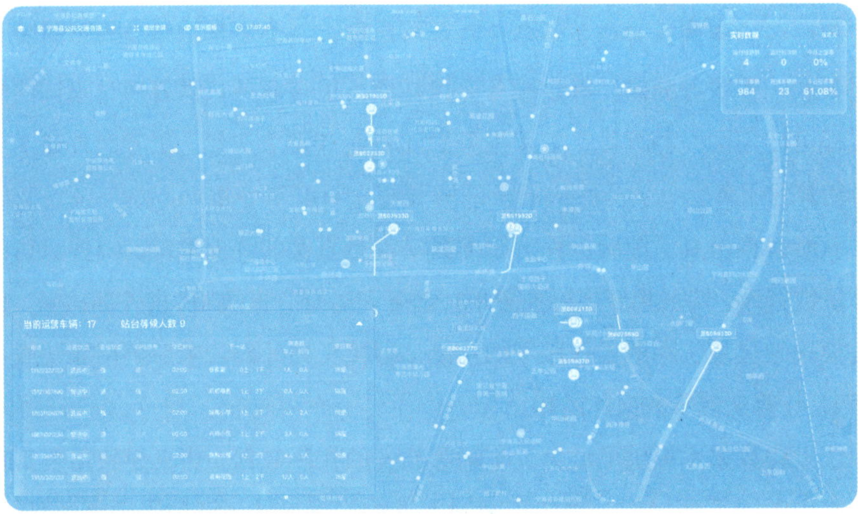

图7–11　地图展示

指标展示，作为仿真系统的核心，输出各种维度的指标，辅助决策。

实时部分，可以实时统计服务运行时的数据输出，如车辆数、订单数等，简单计算后的指标，如绕行参数、等待时间等，还有基于这些指标的复合指标，如接单率、应答率等。

离线部分，即仿真完成后，通过这一轮产出数据的计算，可横向对比不同的入参对算法结果的影响，用于算法选择、参数选择等。比较重要的，如区域仿真，可以计算要达到一定的服务水平，该区域的可服务订单数和需要的车辆数的关系，这是不同区域间无法互相参考的数据。

二、车辆行驶仿真

仿真系统需要对接实际中工程服务访问算法服务的所有车辆接口，如到离站等接口，还需要额外设计开发一个接口——更新车辆位置。

因为是仿真，并没有实际的车辆行驶，我们需要仿真不同场景下的车辆位置移动：

1. 无订单时的随机移动；

2. 有订单的指向性移动；

3. 接单后的路径改变；

4. 接到调度指令后的移动。

最基础的，我们需要有一个函数F，功能为已知起终点后，输出两点之间的路径，并能够通过输入时间参数获得任意时间点车辆所属位置。有了这个基本功能后，可以对应应用在后续的开发上。

如图7–12所示，如果输入新建和金水路口作为起终点，那么该函数的基本功能就是类似地图，给出估计的耗时、距离和路径点。输入经过时间t分钟，通过已经过时间t和总耗时T之间的比例，直接在路径点中获取对应比例位置的经纬度，作为车辆位置的模拟。比如，t=1min，那么返回红点；t=2min，则返回黄点；t=3min，返回绿点；t=4min，返回蓝点。

如果输入的t大于实际耗时T，那么后续可以根据我们的需求加工，在我们现有系统中，是自动模拟随机移动，同时在整点触发空车调度。无论是随机移动还是空车调度，最终都会指向一个终点，所以回到了已知起点和终点的这种模式中。

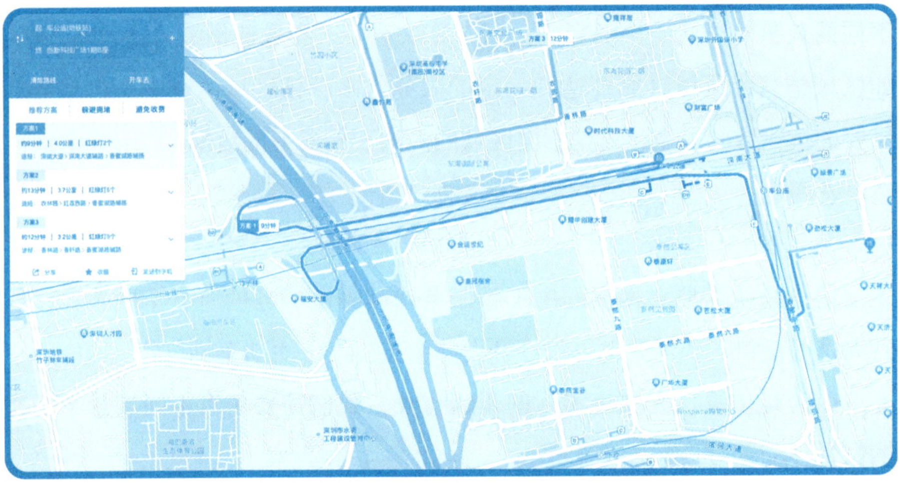

图7-12　两点之间的路径规划

无订单时的车辆移动，可以先从最简单的开始，随机选择附近的任意一个站点，让车辆向该站点移动，通过基础函数F获得对应的路径，并可获取每个时间点时的车辆位置。在此基础上，可以优化选择的站点，如通过历史订单的分布和当前的车辆分布，计算得到当前车辆的最优区域，让车辆向指定站点移动。本质上，这种策略已经属于一种可选择使用的策略，我们可以保持其他策略不变，只改变车辆随机移动策略，来观察平台调度效率和随机移动的效率。

有订单的指向性移动，只需要获取车辆的路径后，按照路段调用基础函数F，那么我们就能知道时间点T之前，车辆每个时间点的经纬度，在T时间后，继续使用F获取下一个路段的实时位置，直到送完后转为无订单的移动。

接单后，车辆的路径更新，原有的每个时间点的车辆位置已经改变，需要在路径更新的时间点上立即调用F，并更新车辆后续的位置。

调度指令，也可作为一个仿真策略。启用空车调度和不启用的情况，算法产出的接单率等指标肯定是不一样的。空的车辆在接到调度指令后，需要立即结束当前的无订单车辆移动，转向指定终点的移动方式。区别于有订单的指向性移动，该状态可以随时终止，接到订单后，会立即向订单方向移动。

通过仿真系统来模拟调度指令，是辨别车辆调度效果最直观的方式。在没有仿真系统时，我们迭代过两次空车调度算法，一次是向场站的移动策略，一次是向热点区域的移动策略。根据大家的直观判断，向热点区域的策略应该会让成交率提升、调度后接单时间变短等。然而实际的分析效果完全看不出，其中一个重要原因是指标受到更多的影响因素，其他因素在变化的情况下，无法证明成交率这样较粗的指标变化是否由空车调度策略引发。

仿真系统，就可以做到其他影响因素全都不变，同样的数据、同样的配置，只对调度指令修改，这样才能完美的衡量出策略的优劣。

三、数据展示

数据展示分为两个维度：

1. 仿真过程中的实时指标输出；

2. 仿真结束后的横向指标对比。

实时输出展示在仿真系统地图页面侧面，能够在仿真过程中，给使用人员实时查看指标情况；指标对比则是仿真结束后，单独页面展示不同算法参数下的关键指标对比情况。

图7–13至图7–16是一些实时指标输出。

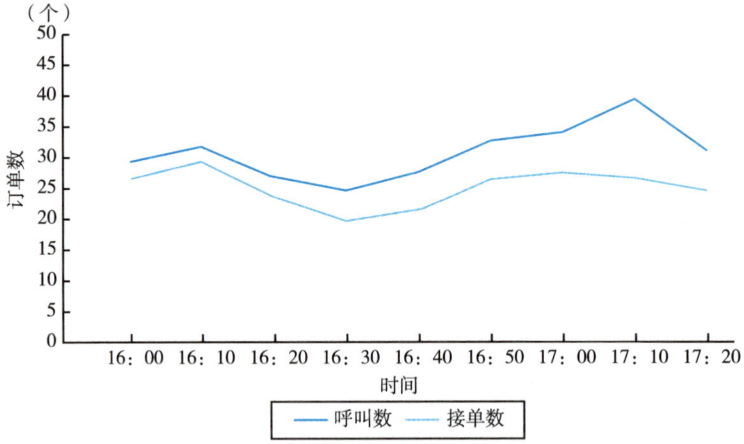

图7-13 实时呼叫订单数和接单数

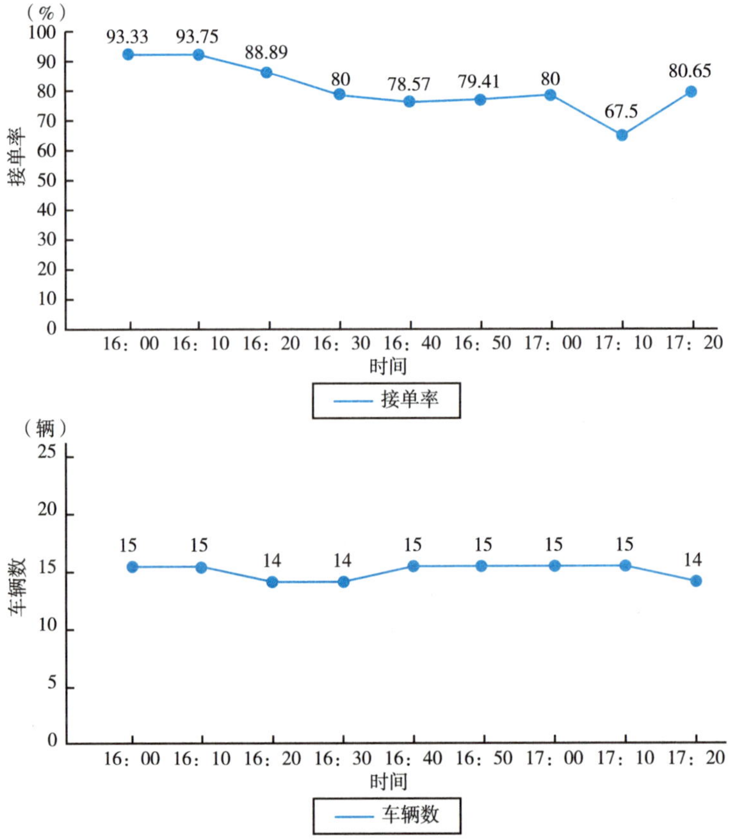

图7-14 车辆数和实时接单率

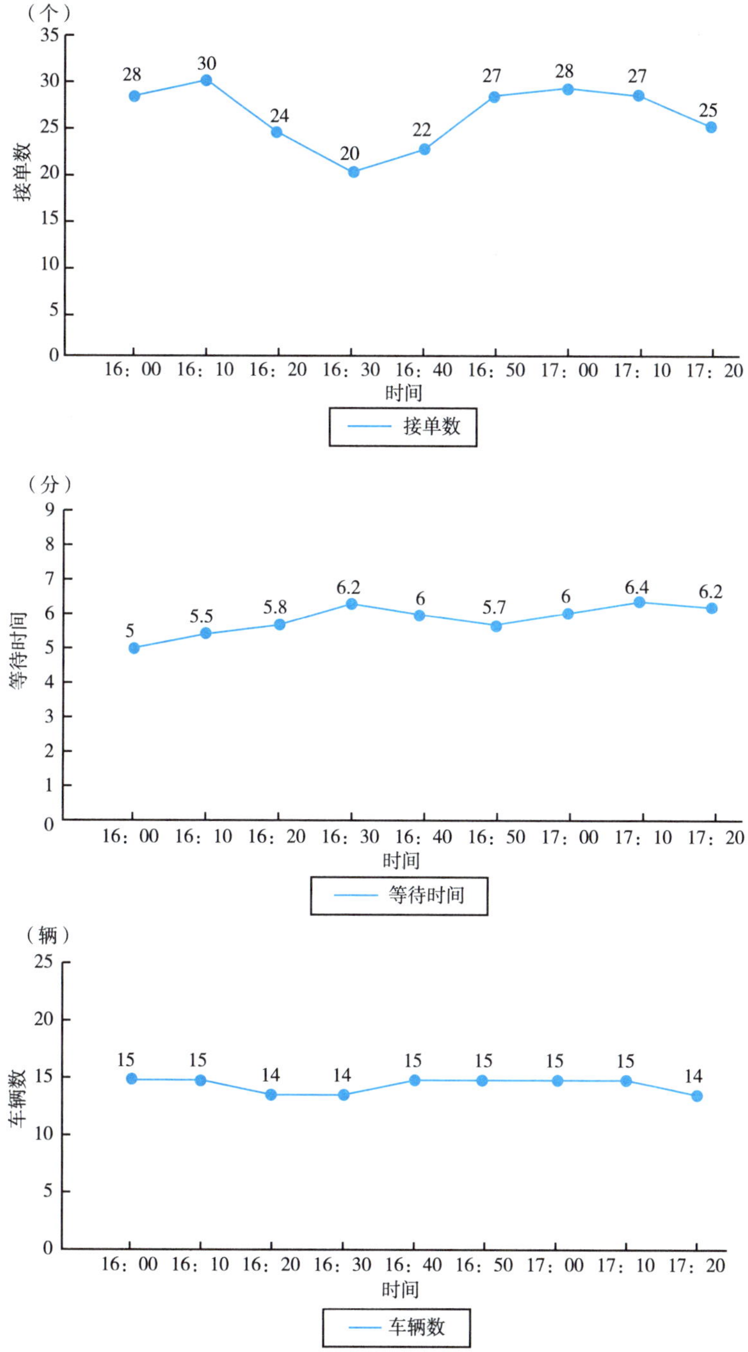

图7-15　等待时间和订单数、车辆数

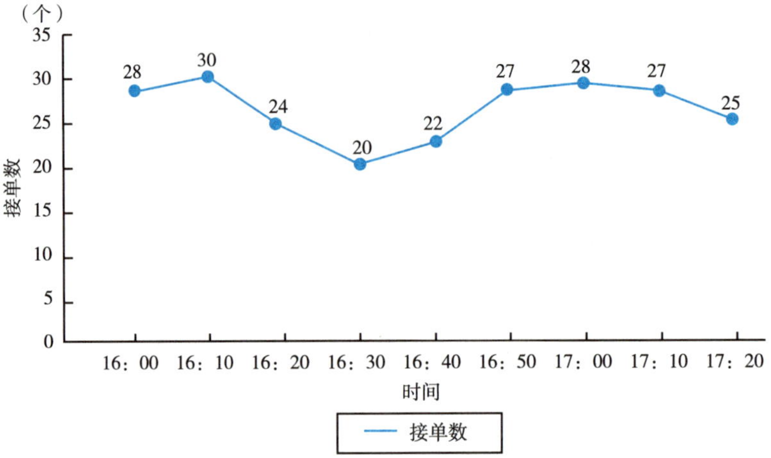

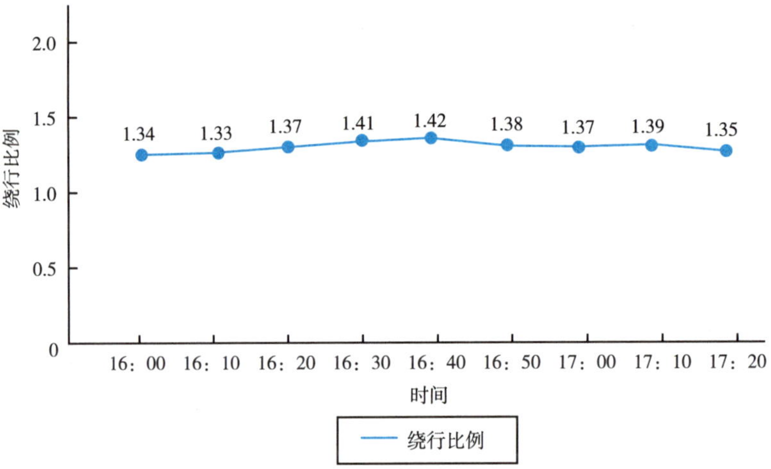

图7-16　绕行时间和订单数

另外，通过仿真系统，我们可以给出运营方最关心的一个指标：需要的车辆数。每次新的城市和我们平台合作，它们的运营范围、需求密度、道路情况可能大相径庭，但是都会问这个问题：我们至少要多少车辆？

毕竟，在没有指导的前提下，运营方肯定希望少投入车辆，但是车辆数少了，会导致用户体验差，叫不到车，最终都不来坐，形成恶性循环；多投入车辆，意味着运营方在看不到收益的情况下需要投入的成本过大，这不符合市场经济的规律。

然而，同样的运营面积，不同城市街道情况、需求情况也不一样，导致同样的服务水平，需要的车辆数也不同。我们不可能通过简单的公式就给出这么重要的一个参数。所以，我们目前通过仿真系统，将对应城市的需求导入，仿真输出各维度的指标统计，如可服务订单数和接单率、等待时间随车辆数变化的趋势。根据运营方的实际需求，决定投入的车辆数多少。图7-17至图7-21是根据某个县城的实际地图进行仿真得到的，换一个城市则需要重新载入地图分析。

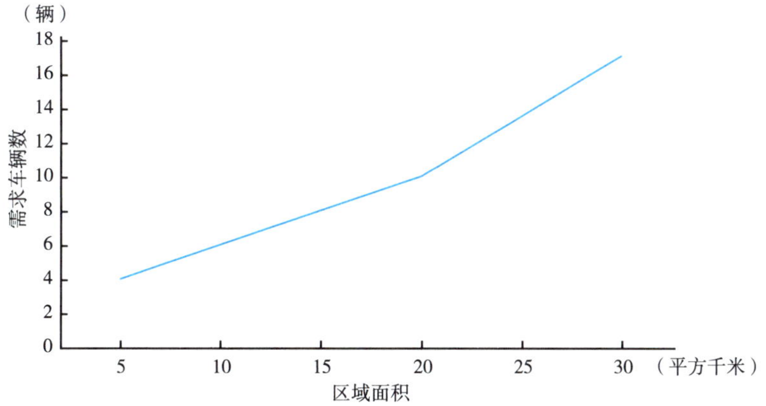

图7-17 车辆数在不同区域大小下的关系

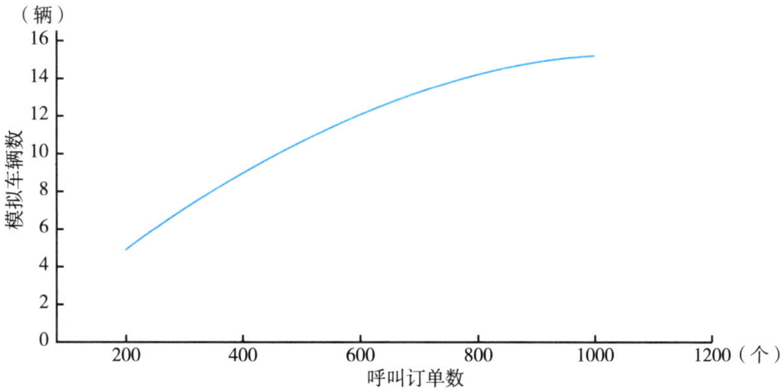

图7-18 可服务订单数和车辆数的关系

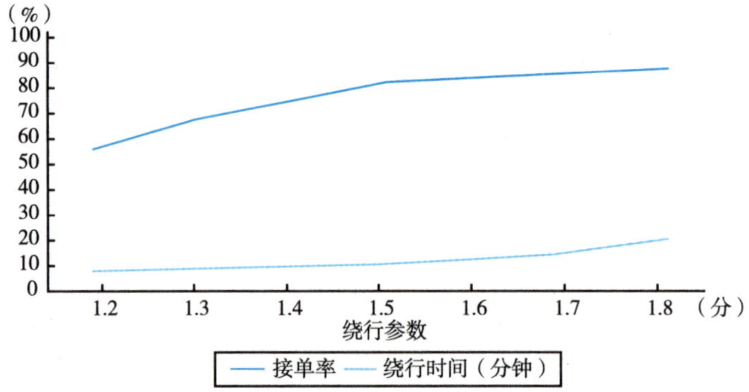

图7-19 修改绕行参数，接单率和绕行时间变化

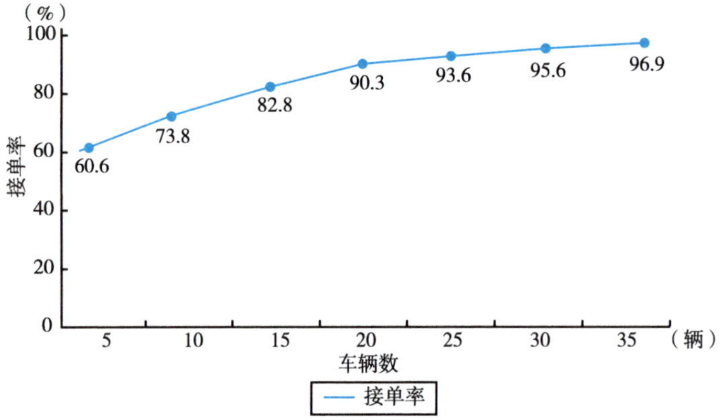

图7-20 接单率和车辆的关系

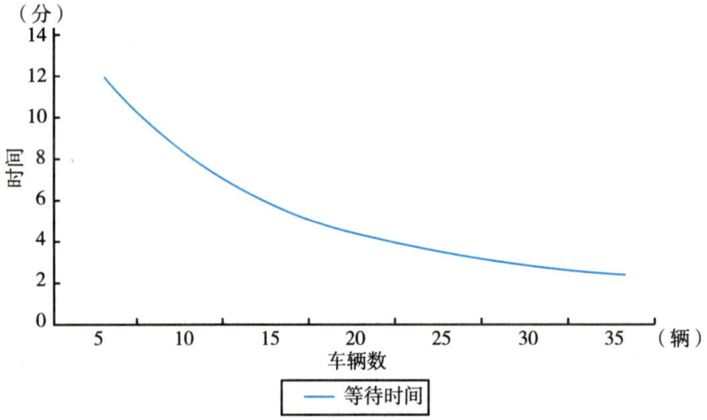

图7-21 等待时间和车辆数的关系

第八章

动态公交系统架构

第一节　动态公交系统架构设计

动态公交作为一个创新的产品模式，能支撑网约拼车模式按需出行，其背后有一套体系的系统架构和算法支撑。系统的架构设计是在业务需求已经清晰的前提下进行的，因此，我们先明确动态公交业务的几个主要功能需求：

（1）能够提供小程序、ios端乘客端服务；

（2）能够提供管理后台进行行程组、订单、区域、排班等管理；

（3）能够提供司机端服务；

（4）提供算法服务进行订单的匹配、锁定等；

（5）服务端整合上述四个端的功能，居中调度。

最基本的是接触市场用户的界面，其次是司机端的界面，有了这两个也就有了服务者和被服务者。算法服务代替了线下吆喝和人工的派单，为乘客和司机之间建立关联关系。管理后台则为平台运营方、公交公司提供能够实时查看司机和订单分布情况的功能，以及查看历史订单接送情况、订单报表数据的功能。最后，为了整合这四个模块，服务端需要居中调度，做好模块间的数据调用和传递。

一、系统架构图

明确需求后，就可以开始架构设计了，我们遵循的设计原则如下：

（1）提供快速稳定的接口服务；

（2）提供高效的算法服务；

（3）提供高效、友好、便于操作的乘客端、司机端、管理后台。

初期我们根据上述的原则和已知的需求，将系统拆解成一个个的模块，基本如图8–1分层所示。随后，在实际运营中，根据产品、乘客、司机、平台方的需求，不断向这些模块中添加新的功能，完善已有功能。

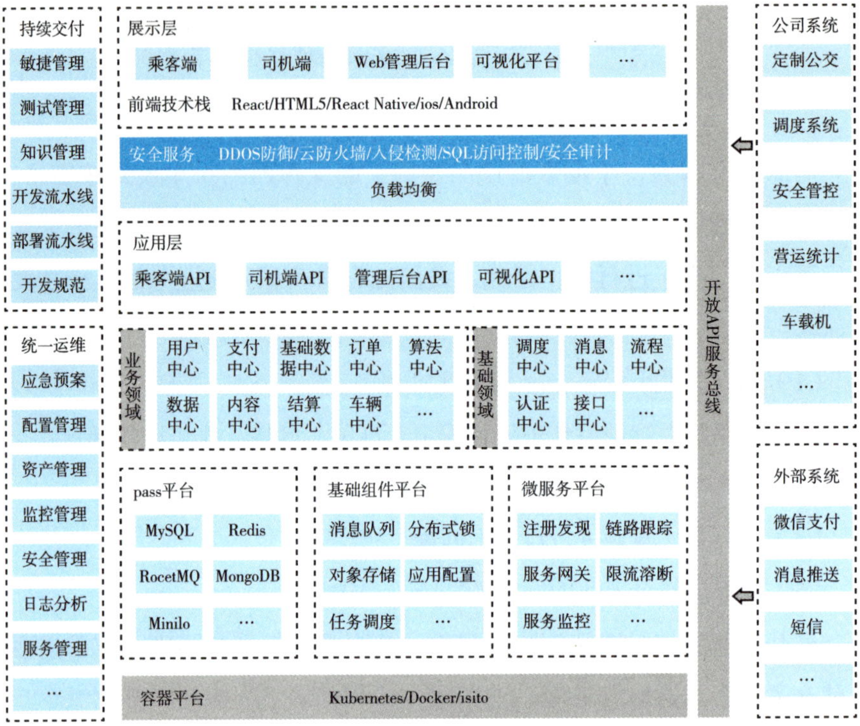

图 8-1　动态公交架构图

下面，我们对展示层、应用层、业务层、基础平台、算法中心和其他系统等分层模块一一展开说明。

（一）展示层

主要包括乘客端、司机端、Web管理后台、可视化监控平台等前端页面。用户可以使用乘客端小程序、App等方式进行下单，司机使用司机端App用来接单、营运等，后台管理人员使用管理后台、可视化平台进行监控调度等。

展示层触达用户，包括乘客、司机和管理人员。

用户在App下单，通过界面输入要去的地方下单，后台会根据订单的情况进行车辆、司机匹配，然后返回用户出行车辆信息，用户验票确认即可。

图8-2为乘客使用的界面，从下单到匹配：

图8-2 乘客下单流程

图8-3是司机端的接单界面：

图8-3 司机接单界面

同时，管理人员可以在管理后台中实时看到车辆、订单信息，包括数据统计（见图8-4）。

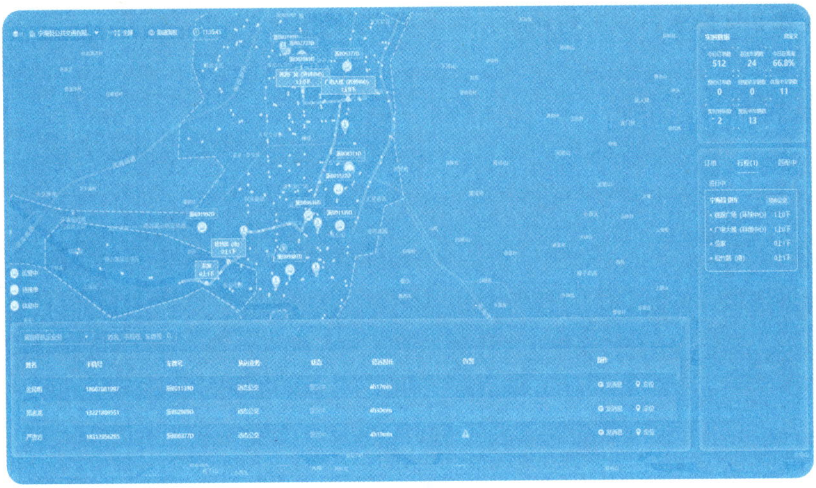

图8-4　管理后台界面

也可以通过管理后台维护运营数据，以及为用户退改票等（见图8-5）。

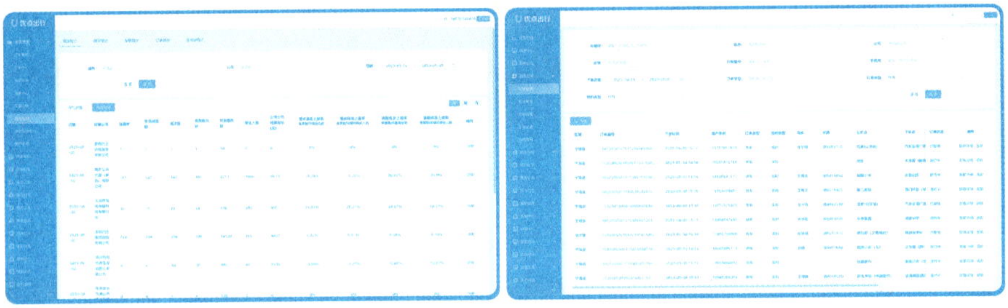

图8-5　订单管理界面

（二）应用层

展示层是直接与各端用户直接接触的层，用户对于产品的印象也往往停留在这一层，但它并不是空中楼阁，展示层的各种功能都来自应用层的支撑。

应用层主要包含乘客端、司机端、管理后台、可视化等api服务端，主要用来做一些业务操作，给前端提供能力接口。

Api应用层是整个系统的核心，起到承上启下的作用，对上提供各种api接口为App、web页面提供数据与各种操作；对下保存数据到数据库、获取数据、逻辑计算、调用算法以及一线外部服务等。

（三）业务层

继续向下，我们来到了业务层。业务层包含业务领域、基础领域两部分，业务领域包含用户中心、支付中心、基础数据中心、订单中心、算法中心、数据中心、内容中心、结算中心、车辆中心等服务，基础领域包含调度中心、消息中心、流程中心、认证中心、接口中心等服务。

业务层是系统功能实现的核心，采用中台思想规划设计，便于业务快速扩展、复用，将各种功能抽象为模块，每个模块都会负责一块集中化的业务功能。

（四）基础平台

基础平台与单个业务的关联不强，主要是脱离了业务的技术中间件与微服务组件，是系统架构的基础，是支撑业务层的强支撑。例如，任务调度平台、短信平台、消息平台等，这些平台能脱离该业务，提供给其他的业务使用。软件基础平台为企业级分布式应用软件提供标准、灵活、可复用的技术组件与服务，使应用软件独立于特定的计算机硬件和操作系统进行开发、部署、运行和维护，并支持应用软件的敏捷交付与稳定可靠运行，对业务变化进行快速响应，降低应用软件开发运维成本。随着以云计算、大数据、物联网、移动互联为代表的新一代互联网技术的兴起，传统的软件基础设施类产品已经不能满足“互联网+”时代企业的需求。

市场迫切地需求能够支持云计算、物联网、大数据、移动互联等新IT热点技术的新一代软件基础设施。针对这一市场变化，国内主要厂商也在拓展产品线以适应市场的新需求变化，寻求新一代软件基础设施来支撑自身业务的运营与发展，满足市场需要。

（五）算法中心

算法中心主要包含订单匹配、车辆调度等算法，是系统核心能力的建设者与提供者。算法中心作为一个独立的服务，接收从业务层过来的订单和车辆信息，提供订单和车辆匹配的功能，能够脱离业务单独优化和迭代。动态公交本质上是拼车，意味着订单与订单会互相影响，合乘的乘客会使对方的路线改变，从而产生绕行，延长乘车时间。同时，在同一辆车上的乘客们提供了多个停车点，系统需要将这些点串成路径，使行驶时间最短且保证每个乘客的体验。

派单，意味着系统需要替司机考虑是否顺路，满足一些条件，最关键的是一个订单只会分配给一个司机。抢单，系统需要给合适的司机推送，司机有更大的选择权。分配过程有两个阶段，第一个阶段每个订单对应多个合适的司机，第二个阶段每个订单被确认分配给一个司机。因此，派单适用的算法有很多，如插入法、变邻域法等；而抢单的两个阶段递进的权利在司机手中，司机确认接单后阶段才会跳转，派单中的算法不适用于抢单，因为第一阶段违背一个订单对应一个司机，第二阶段由司机控制，不需要分配过程中的寻优算法。抢单的算法更偏向于推荐算法，从司机行程和订单的匹配程度、司机和订单距离、司机接此类订单的意愿、司机的服务水平等出发计算最合适的司机前几名推送消息，然后交由司机决定。

另外，派单和抢单的分配决定权归属不同，抢单的分配决定权在司机，派单的分配决定权在系统，这意味着派单需要系统考虑的限制会比抢单多很多，计算量会更大，对系统的要求会更高。

（六）其他系统

其部分主要包括各种公司系统、外部系统，如高德地图、运维管理、持续集成等运维平台等。运维职责贯穿了产品的生命周期，需要借助自动化、智能化的平台帮助运维工程师以最低的成本和最快的速度完成面向用户的服务交付和服务质量保障。运维平台主要由运维平台研发工程师理解业务需求后开发，主要包括：机器管理、资源管理、网络管理、架构基础设施、部署平台、配置管理平台、数据管理平台、监控平台、容量管理、流量管理、故障管理、业务调度平台、工作流引擎、权限管理、运维元数据管理和运维统一门户。

二、技术架构图

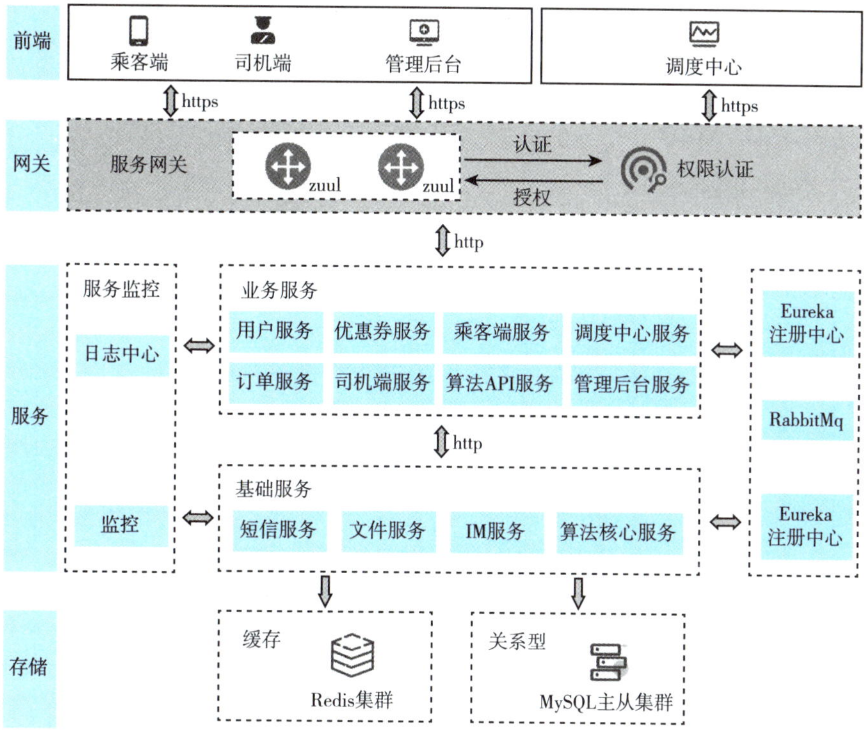

图8-6 技术架构

主要分为4层架构，从上到下依次是存储层、服务层、网关层、前端层。

前端有乘客端、司机端、管理后台及调度中心，通过网关及权限认证后进入对应的服务，如业务服务块有用户服务、订单服务、优惠券服务、司机端服务、乘客端服务、管理后台服务、调度中心服务、算法Api服务等。支撑这些业务服务的是基础服务如文件服务、IM服务、算法核心服务、短信服务等。这些数据都统一存储在数据库或者Redis缓存中。

第二节　动态公交业务流程和前端展示

一、业务流程图

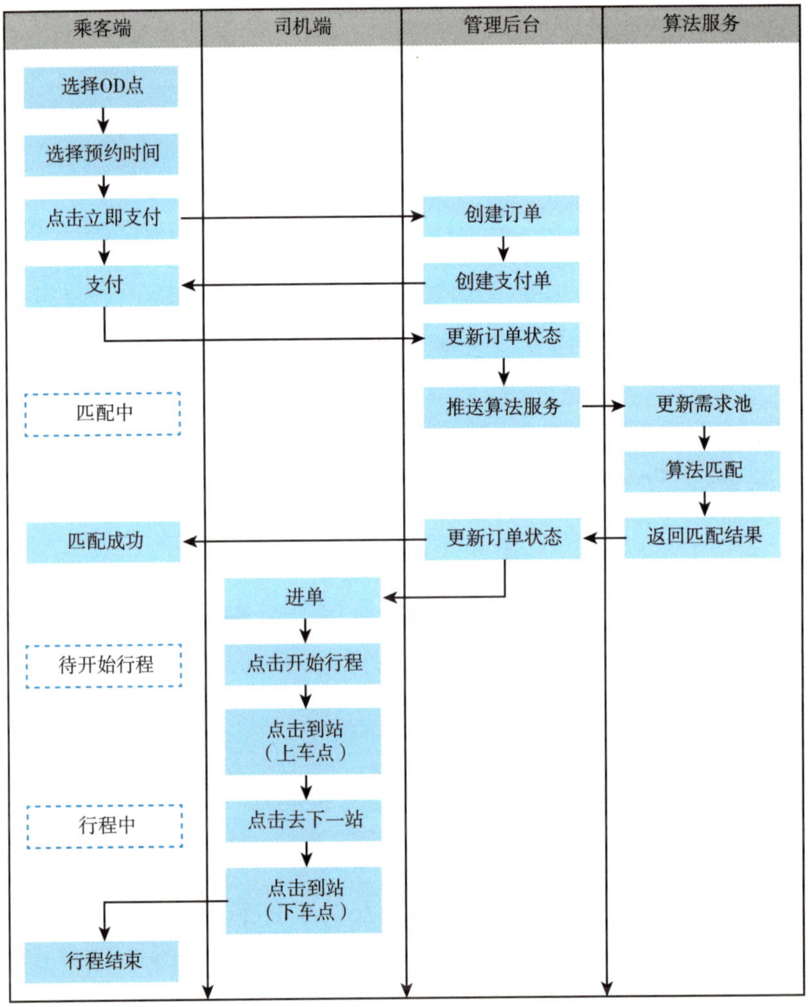

图8–7　业务流程

图8–7为动态公交的主业务流程，概括来说，包括5个主要流程：

（1）用户在乘客端下单、支付；

（2）管理端通过接口向算法添加订单信息；

（3）算法进行匹配成组，通过MQ推送回管理端；

（4）管理端推送给司机端App、乘客端；

（5）司机端进行到离站操作。

在上述5个流程中，和用户交互最多的就是用户端的下单和司机端的接单。接下来首先看一下这两个端的业务流程。

（一）用户端下单

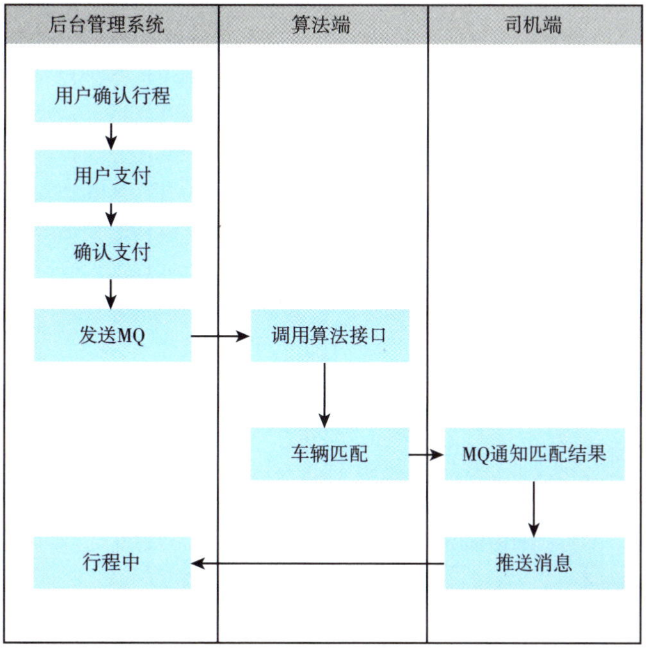

图8-8　用户端下单流程

用户从下单到页面成功通知一共经历四个阶段（见图8-8）。

首先，用户下单完成支付之后把订单信息推送给MQ，把订单入库和后续的操作分离。

其次，MQ消费者消费新增订单信息调用算法接口新增订单。

再次，算法得到新增订单信息后，针对现有的订单进行分组、匹配，形成行程组之后将接口发送到MQ。

最后，司机端服务消费算法匹配接口的MQ消息，进行数据的更新并将接口推送给司机端App。由于司机端可能存在连接不上的可能，如司机端置于后台被系统杀死等，所以我们通知司机成功后，才会给乘客端通知，使乘客端页面进行跳转。

（二）司机端行程变更

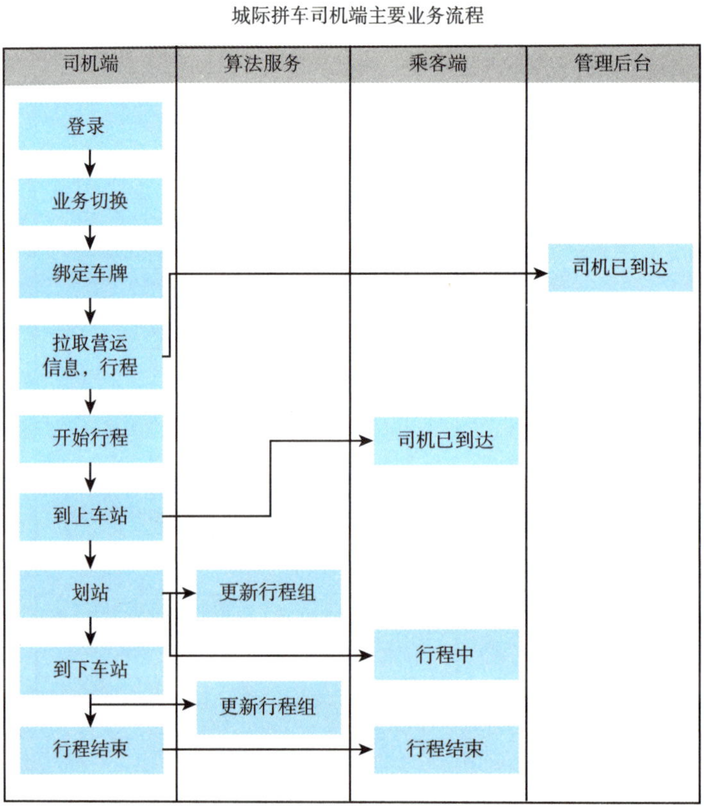

图8-9 司机端接单流程

司机端围绕以接送乘客为核心，结合算法、乘客端、管理后台等模块实现对车辆行程和乘客流程流程的操作，完成对乘客的接送，实现与用户端的数据联动（见图8-9）。

如乘客匹配成功后，管理后台通知司机端成功，则司机端会检测下一站是否发生变更，如果没有，则维持当前的导航，只更新后续行程列表；如果发生变化，则刷新当前导航，前往新的下一站。

（三）管理端线下订单导入

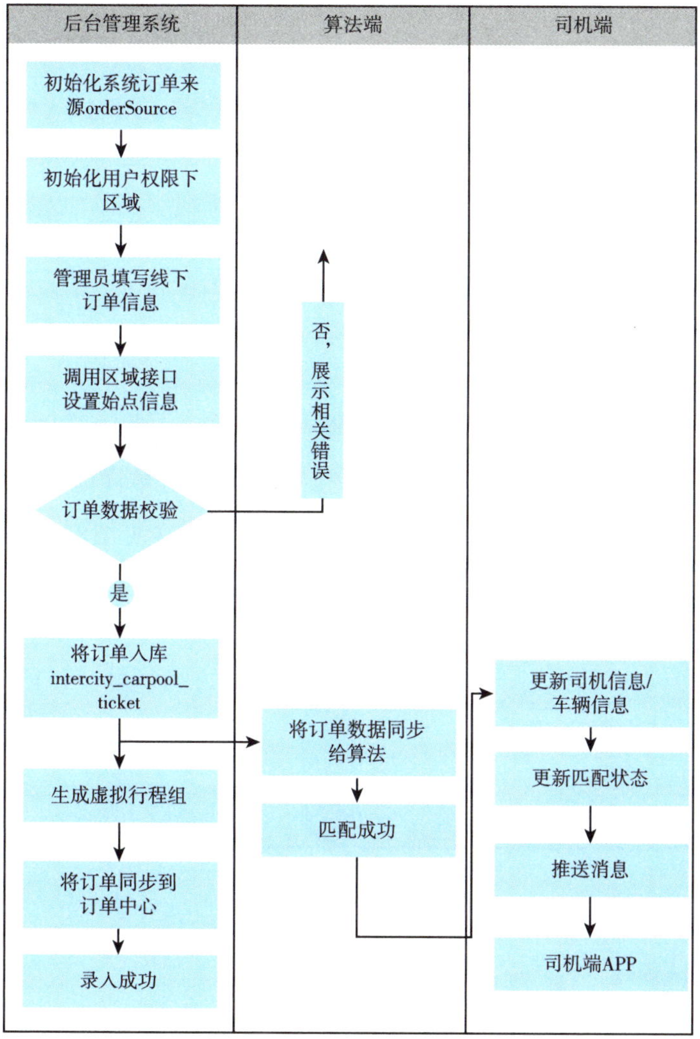

图8-10　管理后台业务流程

除了正常的用户下单，管理员还可以通过线下单录入，将电话联系或者在其他平台下的单维护进系统。其支付退款不经过系统，但是要参加算法匹配，行程分组。提供该功能是为了服务不习惯智能手机的用户，另外也可以用于对接其他平台的订单。

管理后台会先对订单参数进行校验，然后通知算法匹配，生成虚拟组，并且将数据同时维护到订单中心，当算法匹配成功后，会走消息队列，消费成功匹配的消息，更新行程数据，更新成功后，通知司机端，流程如图8-10所示。

二、系统简介

系统中对外主要是展示层的三个模块，分别为乘客端、司机端和管理平台，下面的章节是这三个模块的一些图片展示。

（一）管理端

1.订单管理

主要包含订单的列表查询、搜索、订单退款、订单详情。订单详情里面包含乘车信息、司机信息、车辆信息、订单信息等（见图8-11）。

图8-11 订单管理

2.区域管理

主要包含区域信息查询、区域搜索、价格一口价设置、价格里程计价设置。区域设置包含区域的服务时间、运营状态、最大载客数、自动拼成条件、候车时间、是否支持跨区等（见图8–12）。

图8–12　区域管理

3. 司机管理

主要包括司机的搜索、司机信息导入导出、添加司机、编辑、停用、删除司机等（见图8–13）。

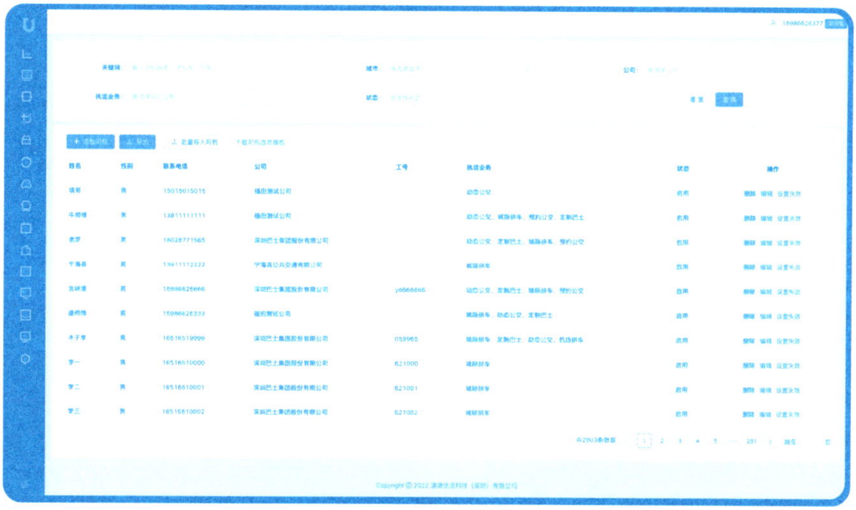

图8–13　司机管理

4. 行程管理

主要包含行程的手动拼成、行程查询、行程详情、行程编辑、行程状态等（见图8–14）。

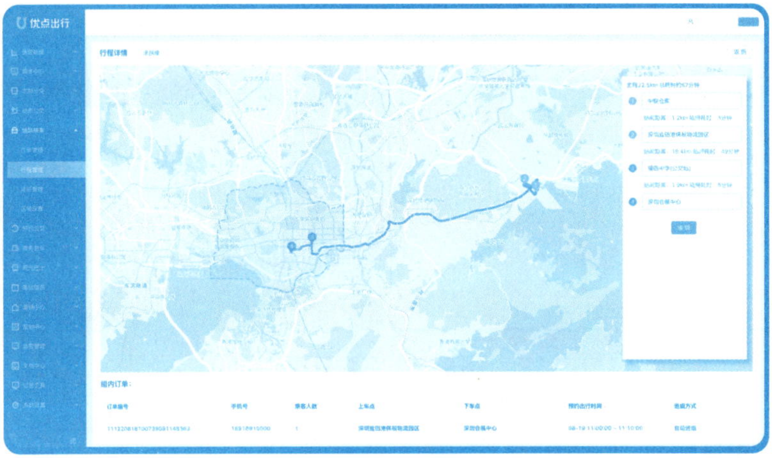

图 8–14　行程管理

（二）乘客端

1. 首页

首页主要展示地图、获取用户定位等（见图 8–15）。

2. 上下车点搜索

输入地名、模糊搜索、让用户选择上下车点（见图 8–16）。

图 8–15　首页

图 8–16　上下车站点搜索

3.确认行程页

主要是用户用来计算价格、选择优惠券、下单、支付等（见图8–17）。

4.匹配中

匹配中页面实时获取车辆匹配接口，用户也能点击取消叫车（见图8–18）。

图8–17　确认行程页

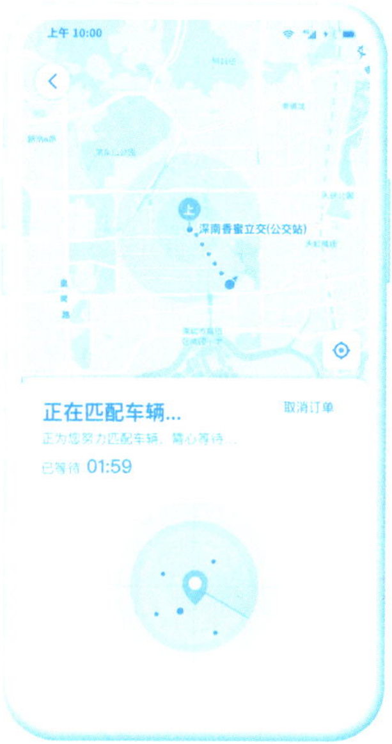

图8–18　匹配中

5.行程页

用户叫到车后进入行程页，行程页可以查看车辆位置、订单状态、订单费用详情、联系客户、评价、投诉等（见图8–19）。

6.验票页

显示验票码，用户上车时出示验票码进行乘车（见图8–20）。

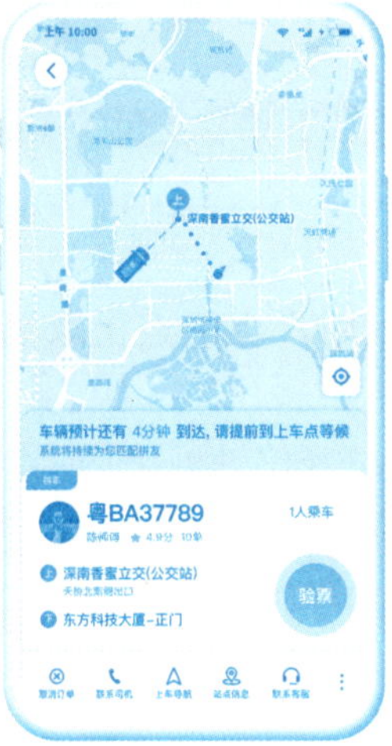

图 8-19 行程页

图 8-20 验票页

（三）司机端

1. 登录

司机输入账号密码进行登录，并绑定车辆（见图 8-21）。

图 8-21 登录

2. 首页

显示地图、各种操作按钮、发车、导航等（见图 8-22）。

图8-22 首页

3. 划站

司机到站点时进行划站操作（见图8-23）。

4. 行程列表

司机可以查看行程详情、历史行程、开始行程等（见图8-24）。

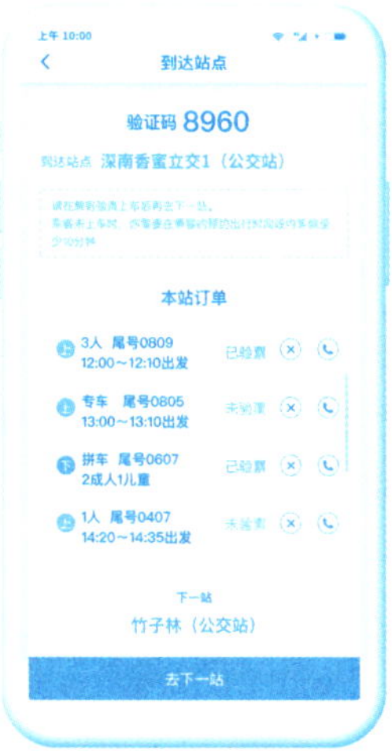

图8-23 划站

图8-24 行程列表

第九章

动态公交的价格体系

第一节　公交定价模式

根据现代公共经济学关于社会产品的分类原理，城市公共交通属于准公共产品，其价格具有其他商品价格的客观运动规律，不仅是收入的工具，而且影响资源的有效配置。一般城市的公交定价模式主要有以下几种：

1.成本定价模式

成本定价模式包含边际成本定价加补贴模式和平均成本定价模式两种。边际成本定价的理论基础是福利经济学，当价格等于边际成本时社会的总福利最大，消费者将获得全部消费者剩余。边际成本定价的根本性问题是公交企业可能无法保证收支平衡而受到损失。虽然可以由政府补贴来弥补，但是边际成本难以测定，短期边际成本与长期边际成本也难以区别。

平均成本定价探讨在保证公交企业盈亏平衡的前提下，将价格定在多少时社会总福利最优。其主要问题是企业容易虚高成本，造成定价过高。如果没有盈利空间，企业经营积极性不高，如果加上一定利润率来定价，企业又缺少降低成本的动力。

2.合理收益率定价模式

合理收益率定价模式的基本原则是允许被管制企业的定价高于运营成本，保证经营企业获得正常利润。该模式的优点是给投资者信心，往往用于行业扩如在地铁等基础设施建设的BOT项目中，投资扩张阶段和供不应求的条件下。这都要求政府确保一个投资回报率。

3.价格上限定价模式

价格部门通过观察到价格上限定价模式的目标同样是使社会福利最大化。过去产品的价格和销售数量，并根据价格变化来估计边际收入与边际成本的数值，结合零售价格指数制定价格的最高限价。此种模式下，公交价格在价格上限下自由浮动，企业既是提高生产效率、降低成本带来的利润增大的受益者，又是生产效率低下、高成本导致的利润亏损的承担者。

4.差别价格模式

差别价格模式也称拉姆塞定价（Ramsey Price）。拉姆塞定价是在企业面对多种用户时，采用差别收费方式进行定价。该定价模式可以根据用户的实际支付能力和需求特点定价，充分利用现有能力，尽量扩大产出量，补偿生产者的成本，调动生产者的积极性。但是，差别定价有时与普遍服务的目标相矛盾，而且还存在着操作困难的问题。

除了传统的价格管制之外，近年来出现了一些新的带有激励性的价格管制方式。

（1）价格限额管制法。所谓价格限额管制，就是对价格增长比例进行限制。更准确地说，是价格的增长不得超过普通价格指数（如零售价价格指数，即通货膨胀率）减去相关行业生产率增长的期望值。被管制企业只有使生产率的增长超过生产率增长期望值，才有可能增加自己的回报。

（2）收益分享管制法。收益分享管制法指受管制企业将超额利润的一部分按比例与消费者分享。它为受管制的企业设定一个收益率水平，当企业的收益超过这一设定值时，超过部分就要与消费者按一定的比例分享。

（3）收入分享管制法。超过管制范围的收入，企业保留50%，其他返还消费者。企业如果节省1元的成本，就可能得到1元的收益。对业务分类，竞争性业务不予管制，对垄断业务设定一个价格上限。

（4）完全放开管制法。对公交价格完全放开，不予管制。

5.价格限制管制法

价格直接受到最高价、最低价、一个价格范围、与通货膨胀有关的某个公式等限制的定价方法。这种方式不涉及企业的成本，不仅给受管制的企业一定的自由，而且免除了管制者过分依赖受管制者的成本数据，管制成本更低。

从各国的经验看，监管者一般根据不同的制度环境和监管目标，采取不同的定价方式，但激励性价格管制机制得到比较广泛的运用。对于城市公交，有人主张按受益原则定价，保证企业有一定的利润。无论采用何种规制模式，价格规章制度必须解决以下问题：

（1）应在完善公交企业监管立法基础上，改革监管机构，改变目前主要是综合部门管制企业的状况，让监管机构与被监管企业彻底分家，使价格机制成为公交企业竞争机制的基础；

（2）增强监管机构的透明度，保证决策的民主化、法治化；

（3）完善监管办法，如采取特许经营权投标、区域竞争等方法，同时，对公交行业政府应有财政补贴相配合，做到干预价格但不干预经营；

（4）定期适度调整，完善价格听证会制度，并保证消费者参与制定价格的权利。

动态公交的产品定价综合考虑了成本、市场监管及市场效益方面，使得动态公交价格具有长期可持续优势。

第二节　动态公交的产品定位

一、高性价比的拼车出行方式

动态公交的核心功能在于“拼”。因其本身具有的大容量优势，只有充分利用到座位数的优势，才能让更多的乘客能打到车。

在满足更多人拼车的同时，必然也牺牲了乘客的一部分出行体验。乘客不能像呼叫网约车一样，可以在匹配到后车辆马上过来，动态公交在车上还有其他乘客的情况下，会先送达该乘客后，再前往下一单的上车点。

另外，动态公交属于即停即走，如车辆到站后乘客并未到达，在站点等候一分钟后，司机可取消订单，并前往下一个订单。

动态公交的拼车产品定价在3—5元，只会比常规公交的定价高1—2元，本质上还是作为公共出行工具，用于满足市民的基本出行需求。

如果乘客愿意对车辆匹配速度，车辆到达时间、司机一对一服务等要求上愿意放宽，动态公交是一种城市范围内性价比很高的出行方式。

二、满足多人出行需求

动态公交一般采用标配为9座的小巴，最大核载量为18人。灵活地解决了多人出行的需求。

在一些特殊出行场景上，如厂区工人、学校学生、枢纽站旅客等，对于多人出行的需求会更强烈。

假如现在有12个人要出行，如果正常叫车，需要叫三辆车，不仅出行成本高，而且4个人挤一辆车，出行体验也不高。如果是叫的动态公交，只需要一辆车，就可以实现同车前往目的地，不仅车上宽敞、行车安全，乘客在车上也可以交流沟通，点对点一站式，只需要叫一辆车，就可以满足十几个人的出行。

三、覆盖常规公交运营盲区

常规公交是定点定线的运营模式，每开通一条常规线路，都需要通过严谨地评估客流，判断是否达到开线条件。

由于动态公交是区域覆盖，意味着即使处在很偏僻的角落，甚至于连网约车都叫不到的情况下，只要提前预约一辆动态公交，就可以解决出行问题。

中国的大部分城乡都存在着公交线路覆盖不到位的问题，居民只能选择到国道上去等车，步行时间长。随着经济的发展，城镇的道路越修越宽，已经能允许小巴在其间穿行。市民也需要这样一种公共交通公交，满足他们从家门口到主干道、枢纽点的接驳出行，也能满足他们的日常出行。动态公交的出现，可以很好地解决这一问题。

四、优化公交车使用效率

随着网约车的兴起和共享经济的盛行，公交行业目前的整体趋势是客流量和分担率都在下滑。在大环境客流量下滑的情况下，公交公司的车辆数和发班数还是沿用原来的频次和规模，导致了公交车的使用效率降低，特别是在平峰期，车辆空跑现象严重。对于乘客来说，如果在平峰期要出门坐公交车，需要两段步行距离+两段步行时间+站台等候时间，体验效率也不佳。一边是车辆空跑现象严重，一边是市民的出行需求并没有得到很好的满足，平峰期公交车的供给和乘客的出行需求并不匹配。

动态公交是响应式公交，平时无乘客叫车时，动态公交的车辆会均匀分布在运营区域内候车。当乘客呼叫车辆，系统会自动将订单匹配到附近最符合接驾条件的车辆，司机实时接到订单后，才能启动车辆，到站点接送。

系统在同时间多人呼叫的情况下，不用司机去抢单接单，而是有系统自动派单。且系统会根据多个绕行条件，为司机规划出一条最高效的接送路径。

在尽量保证乘客顺路的情况下，多派单，多接单，利用有限的运力，控制运营成本，达到效率的最大化。

第三节　动态公交成本分析

一、购车成本

为解决市民出行需求和短接驳需求，近年来公交公司都在逐步推动公交车辆置换工作。除了常规公交所需的大巴车外，还需要有一批车辆能满足市民的短接驳需求和灵活出行需求。一般公交公司会选择6米的小巴来承担此部分的服务。

目前，市面上的6米小巴有好几种，价格也各有不同，一般全车采购下来，所需的花费在60万—70万元。

而这一部分的车辆，也是作为动态公交业务的首选。假设一个区域需要投入10台小巴，进行业务开展，那么购车成本为600万—700万元。

需要注意的是，此部分车辆采购，通常会纳入财政补贴。如何将车辆高效利用起来，才是公交公司应该考虑的问题。

二、车辆运营成本

车辆运营成本包括购车成本及机务运行成本（燃油、轮胎、材料、工时费用）。机务成本是汽车运用中的主要成本，同时也属变动成本，存在选择的余地。

车辆运营成本与其营运寿命期紧切关联。车辆营运寿命期时间为新车购入上线营运至下线转售或报废。决定高速客运车辆营运寿命期的主要因素有：政策因素、市场因素、技术因素、经济因素。

1.政策因素

（1）线路使用权到期。高速客运班线线路经营权普遍实行招（投）标制，经营年限满后重新招（投）产生新的经营业户，招标时要求投标单位使用全新客车，原有客车一般都下线处理。

（2）车辆类型等级下降。高速客运车辆类型等级要求为不低于中级客车，营运客车每年要按JT/T325《营运客车类型划分及等级评定》进行类型等级评定，如低于中级客车标准则收缴线路牌。

（3）在用车达到国家强制报废标准而报废。

2.市场因素

（1）车型落后。大交通中其他客运方式的改进或公路新型高速客车的推出，在用车型难以满足乘客需求，导致在大交通格局中或公路客运其他班线的竞争力降低，实载率下降，营收减少，不得不更新车辆。

（2）对开方更新车辆。目前高速客运采取对开制，对开双方力求车型统一，如一方因种种原因提前更新了车辆或车型，乘客宁愿等待也选择乘坐该方客车，另一方为保持竞争地位往往也提前更新车辆。

3.技术因素

客车技术性能达不到GB18565~2001《营运车辆综合性能要求和检验方法》、GB7258~2004《机动车运行安全技术条件》的要求，或因肇事造成车辆严重损坏，经技术经济分析后确认没有修复价值的。

4.经济因素

由于客车技术或管理因素导致运营成本远高于竞争对手的，如车辆油耗异常偏高。

根据以上几个综合因素分析，假设小巴的使用年限为8年，购车价格70万元，那么每天的折旧费用约为240元。小巴以车辆平均运营里程250千米，运营时间16小时，每日充电费用约为70元/辆。除了这些还需要考虑小巴日常过程的故障维护费用等。

三、司机人工成本

司机人工成本由以下三部分组成：

（1）司机基础性工资。基础性是司机一旦上岗就可拿到的工资，其中包括基本工资+准驾工资+技能工资。成本为：2000—2500元。

（2）司机考核绩效。根据公交公司的规定，会对司机进行多方面的绩效考核。其中包括延时工资+年末绩效奖+绩效考核。

绩效考核又分为：安全责任考核，服务质量考核，车辆管理考核。

此部分浮动较大，绩效全部拿到为2000—3000元。

（3）司机奖励条款。为激励司机接单，并对司机的付出给予相对应的奖励。每个月会根据司机的接单量，营收等维度，进行奖励。奖金范围为

0—1000元。

四、运营工具成本

动态公交所需的产品应用工具，只需要每台车采购一台8英寸的平板，即可满足正常运营。

平板的性能要求为4g+64g，平板功能支持需要多点触摸，可通话等。

市面上满足此条件的平板，售价为800—1000元。

除了平板外，还需要采购配套的平板支架、数据线、流量卡等：

平板支架，单个售价为50—60元。

数据线，单条售价为15—20元。

手机卡，每月套餐费用为50—100元。

五、运营推广费用

动态公交作为新公交业务中的一员，大部分市民对该业务并不了解。为了让市民快速了解，熟悉动态公交的业务。在上线前后，需要进行一系列的推广活动，由此也产生了相应的运营推广费用。

主要包括：物料制作费用、线上推广费用、线下广告点位费用、线下运营人员费用。

物料制作费用：易拉宝、宣传单页、三折页、便携卡片等，合计费用约为5000元。

线上推广费用：在当地公众号、朋友圈、抖音等进行投放推广，因大部分公交公司都自由宣传渠道，此部分费用可根据实际情况减免。

线下广告点位费用：含站台广告、户外大屏广告、公交车身广告、车内拉手广告、椅背广告等，同样由于公交公司自有资源，此部分费用可省略。

线下运营人员推广费用：公交公交可合理安排员工或司机，在固定点位上进行宣传推广，此部分费用可减免。如雇佣兼职，可按100—200元/

天/人进行成本核算。

第四节　动态公交定价模型

公交价格是行业运行发展的基本保障，也是政府宏观调控的手段之一。公交票价的制定，基本出发点是在公交的运营成本、城市的物价水平、居民的消费水平以及乘客可承受能力之间得到平衡。确立公交票价模型主要解决以下三个方面的问题：建立成本约束机制，激励公交企业努力降低成本。其基本思路是：

1. 成本问题

（1）根据各地区居民消费价格指数并参考当地平均职业收入增长率因素，确定公交企业成本的上升率；

（2）根据企业所在行业的技术进步率、实际生产效率和国内外同行业先进生产效率的差距等因素，确定企业生产成本的下降率。只有在成本上升率大于下降率时，企业才能提价；反之，企业就应该降价。

2. 利润问题

公交产品或服务的价格构成中应当包含利润。由于公交行业的特殊性质，根据保本微利的原则确定其利润水平，成本利润率界定在5%—6%。

3. 定价模型

可参考英国的最高限价定价模型：

$$P=P' \times [1+CPI-X] \tag{9-1}$$

式（9-1）中，P为公用事业价格；CPI为居民消费价格指数；X是指由政府管理部门确定的，在一定时期内生产效率提高的百分比；P′为调整前价格。这种方法能促使企业不断提高企业的生产效率，但X值的确定难度较大。

为了促使企业不断地改进技术、加强管理，以降低企业的生产成本，我们以英国的最高限价定价模型为参考，根据城市具体情况建立公交票价定价模型。例如，具体构成可以是：社会平均生产成本+税费+合理利润。因此，公交定价的初始定价模型为：

$$P=C\times(1+R)+T+V \tag{9-2}$$

式（9–2）中，P为政府规定的最高限价；C为平均社会生产成本；R为成本利润率；T为相关税费；V为考虑供求、政策等因素的调整额度，此额度既可以是正值，也可以是负值。

公用事业价格的调整价格模型为：

$$P'=P\times[1+(ROI\sim X)] \tag{9-3}$$

式（9–3）中，P′为调整价格；P为调整前价格；ROI为消费物价指数；X为公用事业劳动生产率的提高幅度。

在确定公交大巴基准票价的基础上，通过建立几种公交方式之间的比价关系，可以确定其他几种公交方式之间的基准定价。

一、拼车的定价区间

拼车的核心在于向市内提供基础的公共交通出行服务，因此它的定价不能以市场价去衡量，而应以保障市民出行而去衡量。在定价时，我们主要参考的是公交票价，也适当参考当地出租车或网约车的起步价。通过综合评估后，得出合适的定价。

基本的定价区间在2—10元。根据运营片区的大小和当地整体的生活水平，出行人群年龄分布、接受程度等，去设置一个合理的价格。

二、拼车的定价策略

根据该运营区域的大小，定价策略分一口价和里程计价两种情况。

1. 一口价

拼车一口价，主要适用于运营区域在6—10平方千米内的计价。因为区域小，订单里程有着最高边界，按一口价去定价，能让市民最快接受产品，并能让产品以一种清晰的定价模型去传播。一般定价为2—3元。

2. 里程计价

拼车里程计价，适用于运营区域在10平方千米以上的计价。因为区域大，容易产生长距离的远途单，如还是按一口价计价，会导致有远程出行需求的乘客，大量涌入叫车。由于具有极高的性价比，越远距离的乘客，越倾向于叫车。而一旦车辆被匹配，则意味着这辆车已经被锁定，且将在完成上一单长途单之前，很难接到其他订单，会变向导致在线运营可呼叫车辆减少，加剧了叫车难度，使更多的近距离的乘客叫不到车。最后逐步演变成为愿意叫车的都是远途乘客，服务的乘客数量也会越来越少。

里程计价的计价方式为：起步价+里程×里程费。通过设置合理的里程费用，让远距离单的收益趋于合理。考虑效率的乘客，可能会采用其他出行方式，愿意接受拼车，对到达时间的需求没有那么强烈的乘客，才会选择呼叫，这样会更加合理一些。

三、专车的定价区间

专车的定价是处于拼车的价格和总座位数乘以单价之间。既要给予乘客一定的优惠力度，又不能仅仅局限于拼车的价格。专车的本质，是给有大批量出行的人群一个即时叫车的渠道，为大批量出行人群提供高性价比的出行选择。

一般专车的定价均为一口价，可根据运营区域大小、车型选择，去制定合理的专车价格，区间为拼车价格的6—10倍。如拼车价格为3元，那么专车的价格为18—30元。

四、专车的定价策略

专车的出现，是为了解决大批量出行人员包车沟通时间长、费用高等问题。能提供即时约车和预约专车两种功能。对于运营方而言，在保证做好服务市民的同时，如何利用车辆效率，提高单车营收，也是需要考虑的问题。

基于用车方和运力方两方的需求考虑，就肯定了专车的定价策略不能以市场包车的定价去看待，而是基于提供公共交通服务的同时，又有了多样化的用车选择。

因此，定价一般一趟不会超过50元。

第十章

动态公交的效益与场景分析

第一节　动态公交的社会效益分析

一、解决乘客公交站点候车过久问题

平峰期常规公交的发车时间，一般是30—60分钟。乘客去站点候车，会有碰运气的成分，如果到了后刚好车就在前面一两站，就可以很快坐上车。如果是另一种情况，人到了车刚好已经开走，就意味着要在站台等30—60分钟。

虽然现在有实时公交等软件，市民可以实时查看车辆位置，并根据发车情况，再掐着点到站台。但仍有大部分人，还是习惯到了站台后再等车，常规公交的发车频次显然已经满足不了乘客的出行需求。

动态公交作为响应式公交，其特点在于每时每刻都在拼车。即使车上已经有人了，系统还是会根据车上订单的顺路情况，不断地给车上拼人，实现了另类的可上可下功能。

在系统的规则保护下，能够保证乘客叫到的车，在不塞车或堵车等意外情况，一般是可以实现10分钟之内到达上车点。且匹配成功后，乘客即可看到车辆的轨迹，不用再另外打开其他的软件。

10分钟内到达，与有可能等候的30—60分钟相比，动态公交可以杜绝乘客在站台等候过久的可能性。

二、解决住所周边无公交站出行问题

对于国内任何地方而言，都不可能做到公交站台的全区域覆盖。正常情况下，对于大客流走廊会有相对密集的站点覆盖，而其他的区域或乡镇，基本只能保证1—2条线路会经过，且存在发车密度低、线路走向单一、等车难等问题。

随着社会的发展，新建的小区日益增多，原本的站点设置已跟不上社会发展的节奏，但站点的设置和线路的开通，往往要经过长时间的调研和论证，避免开通了线路却没有客人的情况。由此而导致的开通缓慢及小区居民的出行难题愈发突出。

通过响应式公交和设置虚拟站点，可以很好地解决这一问题。虽然开通了站点，但是如果平时没有叫车需求，车辆并不会经过。只有在小区居民有出行需求并呼叫车辆时，车辆才会过来，做到无需求时不浪费运力，有需求时随需而至的公交产品新形态。

三、解决老人学生出行安全性问题

近年来，随着社会私有车辆的不断增多，基本实现了一户一车。车辆的增多，无形中也增加了出行的安全风险。

老人和学生作为弱势群体，对于突如其来出现的车辆，其躲避的速度和自觉性，远远低于成年人。由此造成的人员伤害，是每个地方都要面临的问题。

如何通过交通工具去规避这些可能存在的风险，常规公交的覆盖是明显不足的。

通过动态公交产品，实现了叫车自由。老人可以通过上车补票，完成下单操作，小孩可能由家长或老师的陪同，乘车避开交通事故高发地段。动态公交是送客上门，可以直接把人送到小区门口，既为老人和学生节省了步行距离，又为他们规避了出行的安全隐患，从而大大降低社会上此类交通出行事故的发生。

四、助力企业员工通勤

企业员工通常具备同时上班和下班的集体性，且一般会租住在同一个地方。一些上规模的企业，也会为他们的员工准备员工宿舍。有了宿舍，通勤却成为了难题。很多人会选择摩托车作为代步工具，也有很多外来务工者，并没有属于自己的交通工具，只能通过乘坐公交车上下班。

通勤方式的匮乏，带来的是通勤时间的增加和工作效率的下滑，企业经常会为解决员工通勤问题而发愁。如果是去市场上包车，一趟的出行成本一般在400—600元，这对于企业来说，也是一个比较沉重的负担。且很多企业的员工规模，可能就在20人以下，让他们去租一辆大巴也不现实。

通过动态公交预约专车的产品功能，就可以很好地解决小企业员工通勤难的问题。只需要每天早上预约一辆专车车辆就会在指定时间和指定地点等候。费用一般在20—30元，基本实现了公交的票价，包车的体验。

如此，可以很好地帮助本地企业解决员工通勤问题。为企业的产效助力，也能刺激本地的用工市场和企业的规模发展。

五、减少城市拥堵

私家车的出现，本质上的原因是城市原有的公共交通工具无法再满足乘客的出行需求。且出租车和网约车的出行成本太高，由此推动了私家车的拥有量。

私家车的日益增多，又会给城市的公共交通造成极大的压力和负荷。由于道路建设成本等原因，很多地方的马路宽度是4车道，在出行高峰期时，很容易就造成交通拥堵现象。特别是学生放学时必然造成了交通的严重拥堵。

动态公交的投入，可以让很多拥有私家车的市民又坐回公交车。因为乘客出行，考虑的永远是效率和成本等问题。如果有这样一种交通工具，既能实现10分钟到站接送，又只收取近似公交的费用，再对比一辆车每天的加油和停车成本，部分乘客就会改乘公交车出行。从而减少了高峰期路上的私家车数量，减少城市拥堵。

对于学生接送，同样可以采用预约专车的功能，由学校老师或家长组织，先预约动态公交到达学校门口接送，学生在家长代表的看护下上车，再送到指定目的地进行学生疏散。这样不论是对于学校，还是对于前来接送的家长而言，都是极大的好事。

第二节 动态公交的经济效益分析

一、站点拼车提供基础服务

动态公交的诞生，起初就是为了解决常规公交解决不了的区域覆盖问题。因此，我们在定价时，首先要考虑到它的公交属性。动态公交最原始的职能不是为了盈利，而是为了解决市民的出行需求。

作为城市公共交通组成的一分子，拼车的定价，是向常规公交的票价看齐的。市民只需花费乘坐公交的票价，即可享受高效的点对点接送服务。拼车不考虑盈利，只考虑便民和服务，这是动态公交的职能，也是动态公交的使命。

二、上车补票提高共乘率

动态公交的线上呼叫模式，是为了解决需求的快速响应和匹配。当市民要出行时，选择打开对应的小程序或H5入口，并完成车辆呼叫流程，一边呼叫一边走到站点，这是线上的约车场景。

为了照顾市民的乘车体验，避免车辆接到过于绕路的订单甚至是反方向订单，系统在绕行上会进行一定的限制。在这样的情况下，共乘率存在着一定的上限，基本拼到5个单就很难再往上拼，但公交车的核载乘客数一般都在10人以上，造成了座位的闲置与浪费。此现象在平峰期较为严重，一辆车拉一人，显然是不经济的。

因此，我们要把目光放在线下的出行场景。即除了约车的乘客，我们还需留意到站点上可能不止有一人在等车。既然乘客同站在一个站点，说明他们的出发方向是一致的。为什么我们不可以把在站点等车的乘客也一起拉上呢。于是就有了上车补票。

不可否认的是，上车补票会造成更大的绕行。但是从总出行时长来看

（叫车时长+匹配车辆时长+候车时长+行程时长），由于上车补票只需考虑行程时长，其他三个时长为零，由拼车而造成的行程时长增加，也变得可接受。

从营收效益的角度来看，增加线下的揽客方式，能有效提高车辆的运行效率，服务更多市民，也能有效增加车辆营收。

三、预约专车保证车辆利润

不管我们如何提升车辆运营下来，提升车辆共乘率，都无法回避一个事实，即动态公交的客单价，永远是非市场化的。如何利用车辆的大容量优势，为运营单位增加更多营收，车辆定制化服务，是业务前行的方向。

出行人数越多，公交车越有成本优势。如一辆核载18人的小巴，满载的情况下，可以比得上5辆网约车。而乘客呼叫5辆网约车的成本，却远远高于呼叫一辆动态公交。

专车服务，就是在这样的背景下设计而成。它提供了预约功能，使乘客可以提前锁定车辆，避免在需要用车时叫不到车辆。当到达约定的出发时间时，系统会指引被锁定的车辆前往预定的上车点，并完成任意上下车地点的接送。在订单进来时，司机会同步获取订单信息，及时做好接单准备，为乘客提供优质的专车服务。

专车的定价，根据运营区域面积大小，可分为一口价和里程计价。在坚持便民为主的基调上，同样可以充分利用座位数带来的好处，获取更多营收。以宁海为例，拼车价格是3元，专车价格是30元。跑一单专车单，抵得上10单拼车单。这才是动态公交盈利的方向。

第三节　动态公交应用场景分析

一、城市公交线网覆盖不足

在中国，三线以下的城市，都存在着公交线网覆盖不足的问题。很多时候，经常是只有主国道有公交站点。进入乡镇，线路和站点就会变得非常稀少。不是政府不愿意增加线路和站点，只是因为这么做不经济。

动态公交的出现，可以很好地解决这个问题。只需要在区域内投放一定数量的动态公交，并根据小区和客流出行分别，合理设置站点，就可以服务整个运营区域内的市民。非定线、响应式出行，可以有效降低车辆空跑成本，做到按需出行。

因此，只要是城市区域内存在公交线网覆盖不足、市民出行不便的现象，都是动态公交可投入运营的需求场景。

二、城市公交线路运营效率过低

由于市民出行规律，大多是早晚高峰人多，平峰期人少。早晚高峰使用定点定线的方式，用大车服务更多市民，这是性价比最高的方式。但一到平峰期，常规公交的运营模式就受到了挑战，不知道市民的出行需求在哪里，车辆按固定线路跑，就会陷入空跑的泥潭。

虽然有政府补贴，但大量的公交车运力空跑、闲置所带来的资源浪费，却是我们必须去思考的问题。

动态功能作为响应式公交，平时在无订单的情况下，会根据系统空车调度，前往相应的场站休息。系统会将运营车辆均匀地分布在运营区域内做到全覆盖。

无论在哪个地方，只要有人叫车，系统就会自动将订单派给距离最近的空车，有需求出现才发车，无需求就安排司机休息，降低车辆空跑成本。

三、城市人口密集区出行拥堵

城市的马路基建越往低线城市走，越不完善。主要体现在红绿灯的数量不足，和马路的宽度不够。随着社会上的私家车越来越多，也就容易造成交通拥堵。

交通拥堵的日益严重，反过来影响着市民的出行效率。这时市民考虑的已经不是出行成本了，而是时间成本。毕竟无论是自己开车还是坐公交，路堵上了人就在得路上耗着。

既然市民选择了开私家车上班，就说明了常规公交满足不了他们的出行需求。要么是站点线路没覆盖到乘客的起终点，要么是发车时间过长乘客等不了，或者是班次少人多，乘客挤公交体验不佳，等等。

动态公交可以根据当地市民需求，自定义设置虚拟站点，做到家门口上车，公司门口下车，减少市民步行距离，提升市民乘车体验。

由于动态公交所用车型也具有大容量优势，当越来越多的乘客选择呼叫动态公交，而不是选择开私家车上班，就可以有效减少交通拥堵，且能为高峰期常规公交减负。

四、城市枢纽接驳服务不完善

城市高铁站、汽车站、机场等枢纽站接驳问题，是几乎困扰着每一个城市的问题。由于班次时间的不确定，目的地不确定，行程的不确定，导致常规公交线路只能覆盖部分区域。而剩余的真空区，又吸引来了很多非法营运车辆前来拉客，对城市的形象、出行的安全，都造成了影响。

一些刚开通的枢纽点，也面临着乘客少、目的地分散、开通常规线路不经济等问题。需要一种灵活的交通工具，来解决如此分散的出行需求。动态公交无疑就能很好地解决这一问题。

乘客在到达枢纽点之前，就可以预约动态公交车辆前来接送。甚至公交公司可以专门设置动态公交的上车点，在上车点常驻一台车，乘客通过上车补票，完成下单，司机根据系统规划的送客顺序，实现送客到家的服务。

第十一章

动态公交运营案例分析

在深圳的蛇口区、盐田区、福田区以及上栗县等运营后，我们积累了一些小型封闭区域的运营经验，并针对运营需求升级了部分功能。随着全国公交智能化的进程，各公交公司对常规公交的转型需求也越来越明显。特别是2020年以来，全球新冠疫情影响下，出行领域受到了极大的冲击，公交载客量逐年下降，严重的月份载客量同比往年只有50%。

宁海和平阳的公交公司积极求变，为了弥补常规公交空跑严重的损失，两家公交公司分别在自己的县城开展了动态公交。

第一节　案例一　浙江宁海动态公交运营模式分析

一、宁海区域介绍

宁海县，浙江省宁波市下辖县，地处北纬29°06′~29°32′，东经121°09′~121°49′，坐落在天台山脉和四明山脉之间，背山靠海，西高东低，属沿海低山丘陵地区。西部和西南山岭重叠，属于天台山脉中段，自华顶山、括苍山分别从西北、西南蜿蜒入境。东部以低丘和冲积平原为主。宁海县总面积1880平方千米，海岸线176千米，其中陆地面积1605平方千米，海域面积275平方千米。人口约60万人，城镇人口约36万人，出行方式有私家车、公交车、电瓶车等。

由于宁海县区域非常大，全部由动态公交覆盖是不现实的，宁海县的动态公交开通时，我们的业务系统并不完善，通过以往的运营经验以及车辆对区域的服务范围覆盖，我们建议运营方将区域缩小。原因如下：

宁海县的动态公交开通时，我们的业务系统并不完善，通过以往的运营经验以及车辆对区域的服务范围覆盖，我们建议运营方将区域缩小。原因如下：

1.运营区域大，如果要保证大家能叫到车，需要的车辆数过多。

2. 城乡之间的公共交通，应该依赖原有的定线公交，因为需求不密集，时空分布不均匀。

3. 动态公交应当作为定线公交在平峰时间的弥补。

二、宁海运营情况分析

出于运营思维考虑，运营方开始只投入了8台车试水，发现乘客在短暂适应后就接受了动态公交的服务，在订单量并不大的情况下，车均表现已经超过了同时段的定线公交。这加强了公交公司的信心，目前投入了16—20辆车在40—50平方千米的城区进行运营。

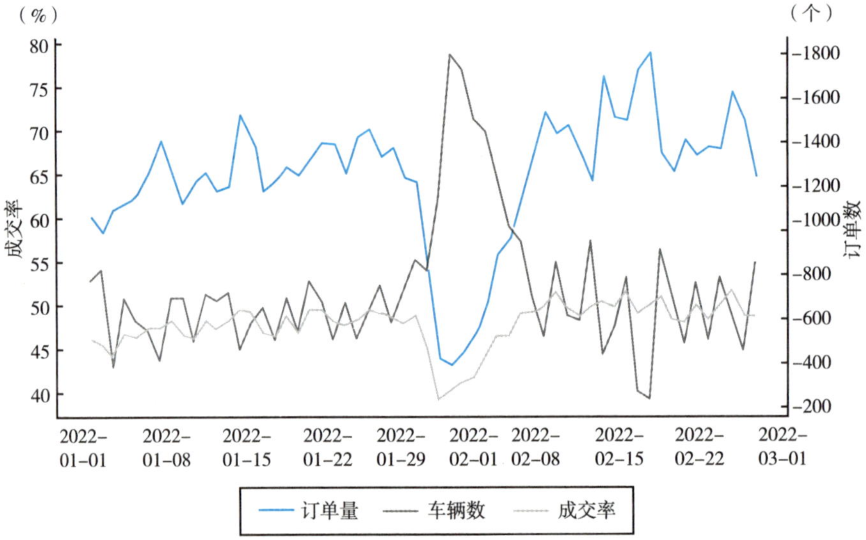

图11-1　宁海区域1月、2月订单量、车辆数、成交率走势

从图11-1可以看到，1月和2月的订单呼叫数，基本在1200单左右波动，接单数在500—600单，其中春节期间的呼叫数减少到400单，由于车辆数不变，因此成交率接近80%。

任意抽取了一天，图11-2为运营车辆数和载客车辆数的关系图，全时段车辆利用率都很高，基本没有空车，只有在20：30后才会出现大量空车。

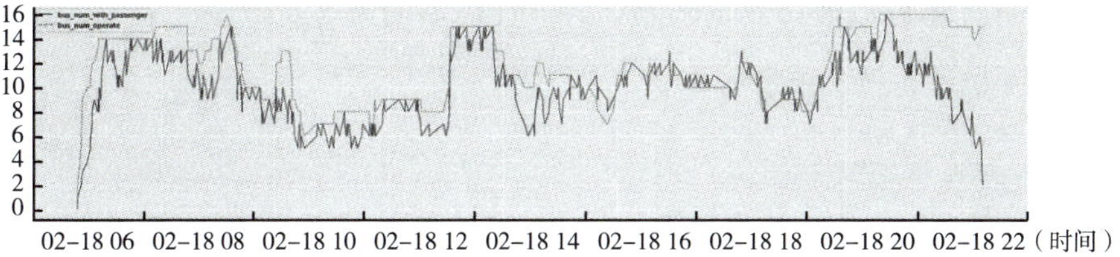

图11-2　宁海区域某一天的运营车辆数和载客车辆数的关系

图11-3、图11-4是呼叫订单数和完成订单数的关系，一个是实时统计，一个是按半小时汇总。大量的订单丢失出现在7点和17点，即传统公交的早晚高峰，呼叫人数也达到最高，超过了可服务人数。

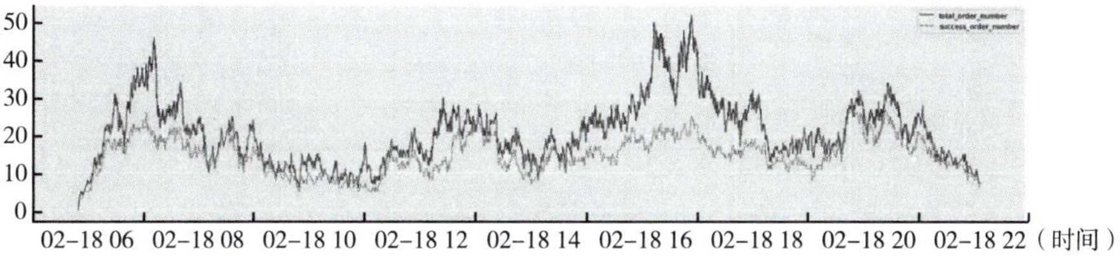

图11-3　宁海区域实时呼叫订单数与完成订单数关系

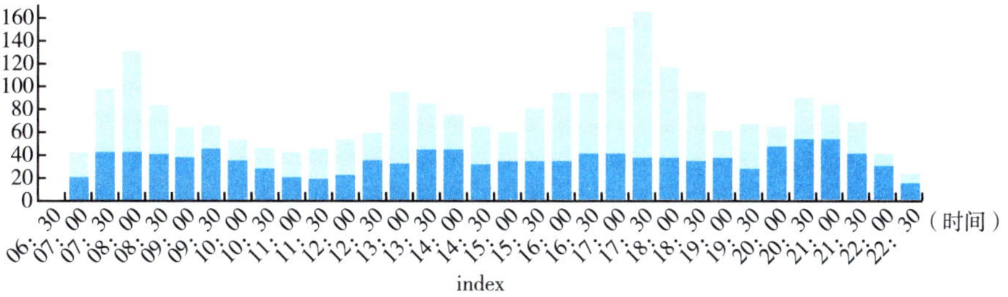

图11-4　宁海区域分时段呼叫订单数与完成订单数关系

图11-5、图11-6是成功订单数和载客车辆的数量关系，由于是拼车模式，车辆会有合乘率，可以视为平均每辆车上有多少订单。正常来说，订单呼叫数越多，这个合乘率就越高，但是相应的，丢失的订单数也就越多，因为足够密集的订单才能筛选出足够多的同向订单。目前的数据显示，平均的合乘订单数在2—3单，而一个订单可以是多个乘客。在不改变呼叫数

的前提下，还可以通过放宽限制条件，让更多的乘客可以拼在一起，但这就降低了已上车用户的体验。

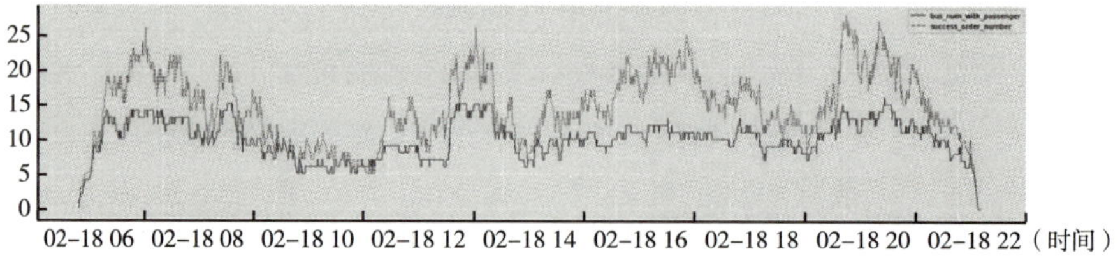

图 11–5　宁海区域实时成功订单数与载客车辆数关系

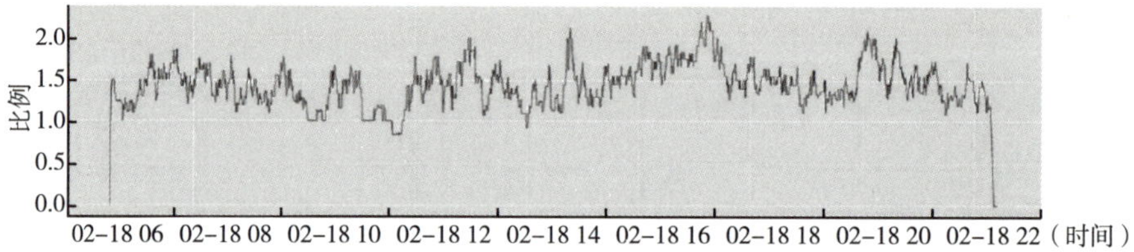

图 11–6　宁海区域分时段成功订单数与载客车辆数关系

图 11–7 是一天的所有订单的平均等待时间，总体平均是 5.64 分钟，早上由于车辆刚出场站，开始运营，等待时间会相对偏长，其他时间段相对都比较稳定。

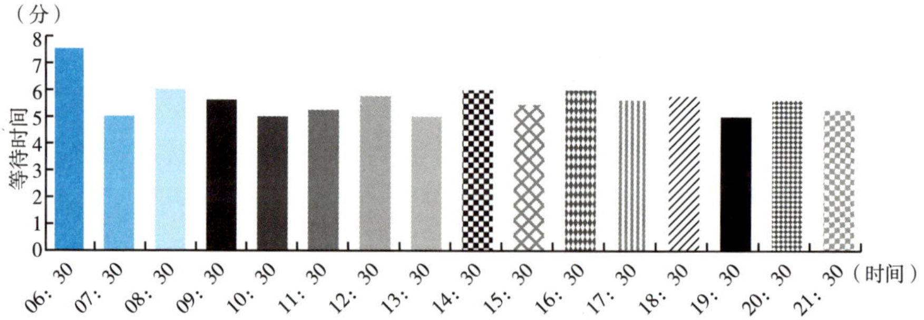

图 11–7　宁海区域某天分时段订单平均等待时间

从数据的角度看，正式运营后，虽然增加了车辆数，但是运营区域扩大得太多，导致成交率并不高，拼成率也不是很好。我们建议的是订单量大于1000单时，10平方千米就需要10辆车左右，然而宁海的区域面积超过40平方千米，虽然随着呼叫数达到了1200次，但是车辆数只有16辆，这导致车辆对区域的覆盖度并不是很高。

更重要的一点是，刚开始试运行时，运营区域小，公交公司定了一口价3元。现在面积扩大后，出于价格稳定和以往常规公交的限制，价格上调需要一系列的流程。但是，乘客起终点的距离已经从两三千米变成了平均5千米，如图11–8所示，甚至有10千米以上的订单。

动态公交不同于常规公交的点在于，没有需求的地方是不需要前往的。因此，常规公交中一个乘客的里程长一些并没有太大问题，但是在动态公交中就意味着这个乘客的行程始终影响着车辆的后续路径，也就是其他人必须要和这个乘客非常顺路才能拼成。平均里程的延长，就必然导致车辆周转时间、周转里程的增加，使叫车成功率下降、拼成率下降。

从市场运营的角度来说，3元的价格，乘客可以乘坐10千米。网约车中的拼车比专车价格低，低于20元也会让大家趋之若鹜。因此，我们给出的建议是使用的车辆小型化，提升乘坐体验，提升定价，在车辆订单超过4千米后额外收费，并限制订单最大行驶里程，提升周转速度。

这两个建议，分别是从市场化运营和政府性公共交通建设角度出发。市场化运营更贴近网约车，本身的收益就足以补回运营的成本，而且小型车辆体验更好，座位数也已经完全足够，大部分情况下，拼车的订单数不会非常多，否则用户体验就会下降。

政府性公共交通建设，即现有的常规公交，本身并不能盈利，因为定价特别低。超过4千米额外收费的原因有二，其一是大量的订单超过4千米，接一个这样的订单，可能会导致两个短距离订单无法被服务；其二是动态公交不一定能申请国家的补贴，可以效仿国外或者香港公交，提升公交定价，以填补没有补贴的成本。

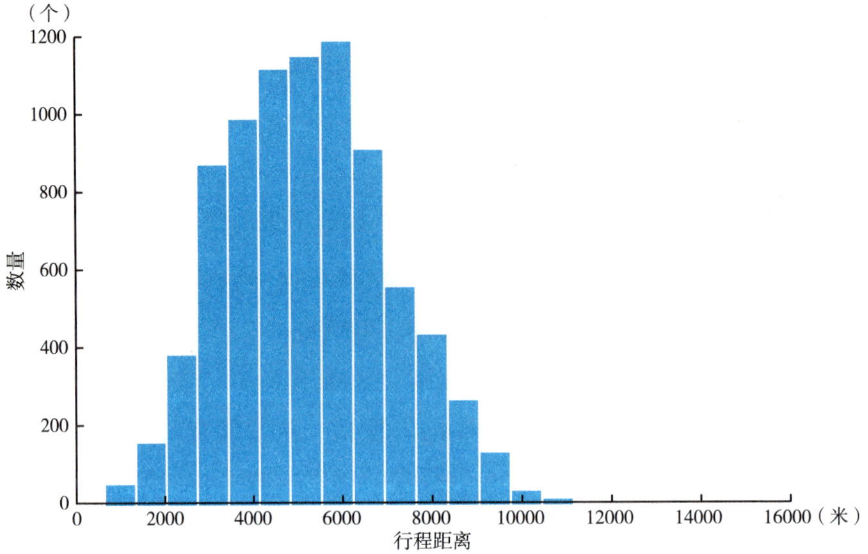

图11-8　宁海区域订单行程距离分布

从管理的角度来说，宁海刚开始的运营是放任自流的，司机的绩效也和订单数无关，多接单少接单收入是一样的，这导致司机逐渐失去积极性。中期的接单率在车辆数不足的影响和管理的放任下，一度低到了50%。

在2022年7月份，我们协助宁海制订了新的管理方案，减少区域外侧的运营站点，限制了部分过远订单——只有能合乘的车辆才接送非常远的订单，再通过扩展预约专车的业务来提升营收。目前，虽然车辆覆盖度还是相同的较低水平，成交率已经回升到60%以上，且平均单车营收也超过了200元。

第二节　案例二　浙江平阳动态公交运营特征分析

一、平阳运营情况分析

图11-9、图11-10为平阳的单日运营数据，在线的车辆数和有订单的

车辆数的线基本贴合，晚上也没有出现很多空车。叫车的订单数和成功的订单数随时间的走势线也基本贴合，从图中甚至看不出太大差别。

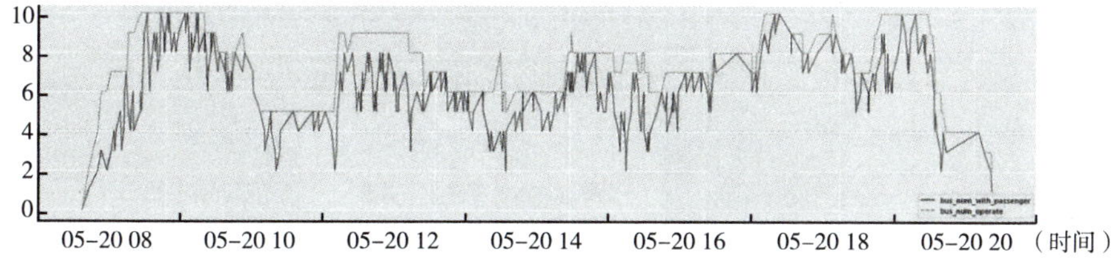

图 11–9　平阳区域某天实时运营车辆数与载客车辆数关系

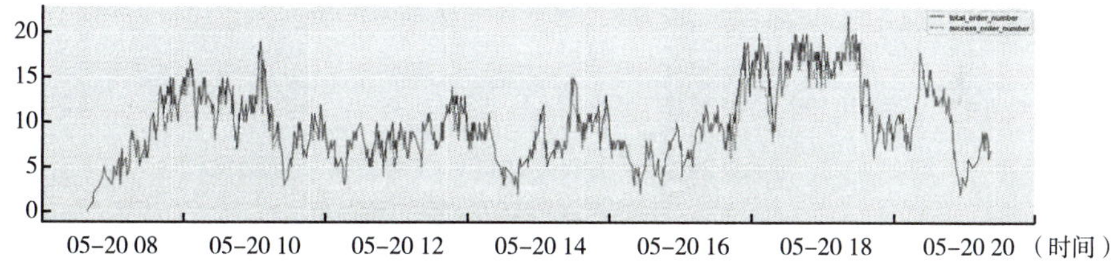

图 11–10　平阳区域某天实时呼叫订单数与成功订单数关系

图 11–11 是每半小时的接单情况，高峰期的确丢失了部分订单，说明超过了当时车辆数的承载能力。

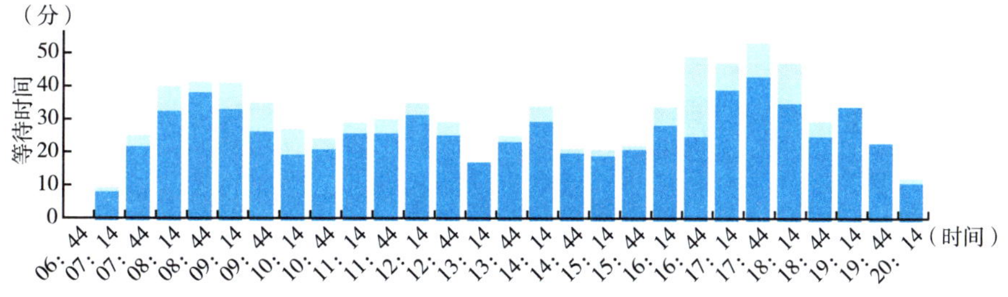

图 11–11　平阳区域某天分时段呼叫订单数与成功订单数关系

图 11–12、图 11–13 表明，车辆上平均都有超过 1 个订单，多时平均数超过 3 个。所以有些车辆上订单数能达到六七个，人数就更多了，这对于小型公交来说已经要满载了。

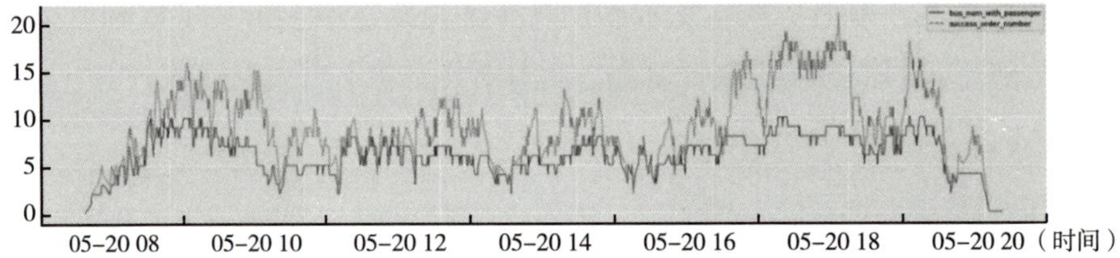

图 11-12　平阳区域某天实时成功订单数与载客车辆数关系

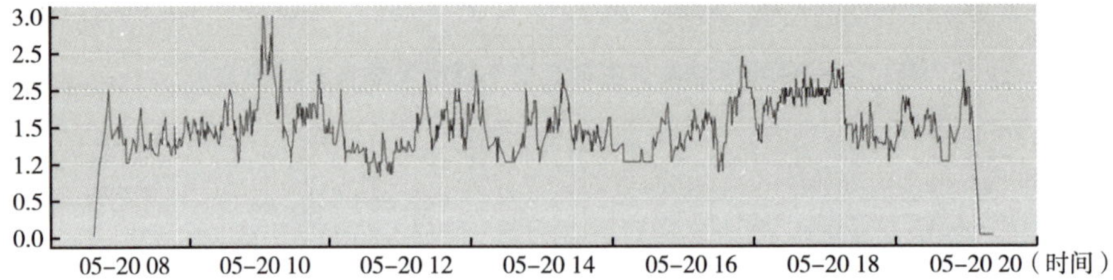

图 11-13　平阳区域某天实时成功订单数与载客车辆数比值

平阳数据为什么会比宁海好很多呢？

车辆的覆盖度：10平方千米，使用10台车，覆盖度是宁海的3倍。

区域小，订单里程短，导致周转时间、周转里程短。

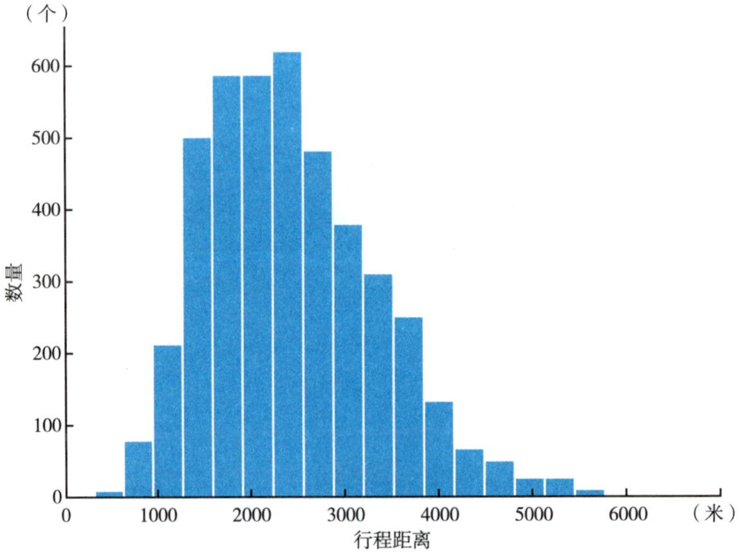

图 11-14　平阳区域订单行程距离分布

图11-14为平阳订单的订单里程分布，可以看出里程在1-3千米的订单所占的比例最高，比起宁海平均里程接近5千米的情况，平阳的订单里程是宁海的一半不到，这意味着宁海送一单的时间，即使要送不顺路订单，平阳的车辆也可以送2—3单。无疑平阳整体的订单里程会更短，车辆周转效率会更高。

平阳仅仅靠高效的短途拼车，将单车的营收做到了300元一天，这比二线城市的公交单车收入都要高，已经能打平一线城市的公交单车收入。

由此我们可以得出平阳较之宁海的两个优势：

1. 车辆的覆盖度：10平方千米，使用10台车，覆盖度是宁海的3倍。

2. 区域小，订单里程短，导致周转时间、周转里程短。

二、运营模式优化升级

运营过程中，根据运营方的需求，我们给动态公交加了不同的功能。列举几个在算法开发过程完全没有想到的功能：

1. 接单行驶距离限制

我们开发时有想过接单距离肯定是需要限制的，一是减少运算量，二是减少司机的接驾距离，同时也减少了乘客的等待时间。于是，我们设置了司机的接单范围和乘客的匹配范围，以及乘客的等待时间。

司机的默认接单范围和乘客的默认匹配范围是3千米，乘客的默认最长等待时间为10分钟，但是在运营过程中，司机有时会反馈，接一个乘客需要开5千米以上，原因是直线距离虽然在3千米内，行驶时间也在10分钟内，路面距离可能远大于3千米。

考虑到司机空驶的油耗，以及被订单占据后这段时间的机会成本，接单行驶距离需要被限制，因此我们给订单加上了接单行驶距离的限制，并让这个限制随着呼叫时间和订单量动态变化，提升了司机的体验，减少了运营方的成本，提升接单率。

2. 超远订单限制

宁海在最初票价制定时，有一定的缺陷。我们给出的建议是，起终点在3千米内的订单固定价格，超过3千米后随着距离增加逐渐加价。但是宁海运营方选择了固定了票价，基本为公交的票价。提供的服务却是接近网约车的服务，在订单量少的时候，甚至可以享受专车一样的服务。

这种服务当然是没有问题的，问题在于宁海的运营区域非常大，所以导致用户可以花几元钱，坐一辆专车，走10千米以上，这连车辆行驶成本都无法覆盖。

加上宁海运营已经持续一段时间，不能贸然修改价格，因此在协商后，我们将距离近的订单优先级调高，更容易叫到车，减少了车辆的周转时间，变相减少了超远订单的服务。

3. 上车补票功能

有时候，站台上的一般乘客在看到动态巴士时，已经来不及下单，确认车辆方向后，会先上车后下单。

有时候，用户在下单时，由于算法中各方面的限制，可能无法下到自己想要的车辆，如司机在火车站续单过久等，需要有乘客能下到指定车辆的功能。

特殊情况，老年人玩不转手机，出行等车麻烦，也可以让司机给老人家专门补一个订单。

出于以上的考虑，我们提供了上车补票的功能，让动态公交更智能。

4. 预约专车功能

预约专车，一方面是预约功能，另一方面是专车功能。宁海区域过大，但是车辆数偏少，让周转时间过大，单车利润提升难。考虑到部分人需要专车或者包车，以及外围区域的订单密度非常少，我们开发了预约专车功能用以弥补。

用户可以选择专车，付出多一些的花费，接近出租车的2倍，包下一辆车，容量大于出租车的2倍，享受专车的服务。一些公司员工会组团包车上下班，家庭出行也会包车，提升了车辆的载客率和利润。加上预约的功能，专车的呼叫成功率会更高。

5. 动态公交和定线公交结合

在持续运营过程中，动态公交的表现得到了运营方的肯定，但是继续投入车辆的成本过高，既要购置车辆，还要配置司机。

为了解决这个难题，我们和运营方多次沟通，发现了动态公交和定线公交结合的模式。因为我们公司在传统公交、定制公交的营运调度系统的经验丰富，给深圳巴士集团开发的调度系统位于全国前列。而且，不管是通过传统的车载机或者司机端的App，我们都有完整的车次调度、数据报表等功能。所以，我们将动态公交系统中，加入了定线公交数据的接入，让动态公交运营时，可以结合定线公交的车次。

如此一来，宁海公交集团可以将正常的车次全部导入，定线车次以外的闲暇时间，所有有时间的公交都可以参与动态公交的运营，解决了车辆数不够、司机不够的问题，同时我们的调度体统也可以直接产出可视化报表，效果比原有的系统更好。

▶▶▶▶ 第十二章

动态公交的发展展望

近期交通运输部、科学技术部联合印发了《交通领域科技创新中长期发展规划纲要（2021—2035年）》，明确了未来十五年我国交通运输科技创新工作的指导思想、基本原则、发展目标和主要任务。

动态公交作为传统公交的一个模式创新，用户可以App购票，根据乘客的出行需求，通过灵活调配、实时规划，提供非固定路线能够预约乘坐的公交车，实现“实时响应、动态规划、即时反馈”的动态公交，能更好地实现车辆的集中调度，进一步满足差异化、个性化的出行需求，全面增强疏运能力。从长期来看，这种创新模式是可持续发展的，未来也可以推向更多的中国城市，当然也包括国外，国外的公交发展模式如何，也值得我们去探讨学习。

第一节　国际公交行业的发展启示

一、新加坡按需公交

新加坡是东南亚的一个袖珍国家，被称为世界地图上的小红点，蝉联全球最智能城市榜首，是全球唯一列为AAA等级的智能城市。新加坡在它的城市交通公交方面也有自己一些独具创新特色。

新加坡公交代表小型公交共乘创企SWAT获220万美元Pre-A轮融资。SWAT的载客量只有4人到13人。它的载客时间只有周一到周五的早上7点到10点（公共节假日不工作），运营时间也得扩大到其他非高峰时段和傍晚高峰时段。它拥有一个动态路线系统，能让上下班的人按需预订车辆（见图12-1）。

SWAT提供三种出行服务：预定出行、规划出行和按需出行。

预定出行，即预约出行，可以提前预订车辆，预定要出行时间和出行地点。SWAT的后台会搜集各种数据，并根据路径算法建立一个最有效率且符合最多出行者需求的路线。选择按需出行的人会直接进入预定出行者的出行路线里。

SWAT后台有一个“中央智能”系统，该系统能根据获取的大量出行数据进行模拟引擎分析，以及通过机器学习和数据分析结果进行交通路线规划。

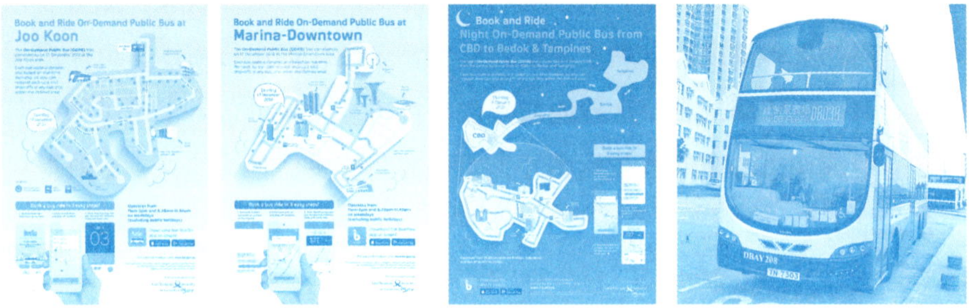

图12-1　新加坡按需公交

继SWAT Pre-A轮融资之后2年，Swat旗下的Ministry of Movement在2019年获得A轮融资1010万美元，将发展海外业务，目前在新加坡、越南、印度尼西亚和澳大利亚提供按需公共巴士服务，这笔融资资金将在日本、中国、菲律宾和印度尼西亚展开业务试点工作，并开发新的垂直业务，通过发展技术、数据和工程团队实现商务运营的发展。Ministry of Movement专注于巴士服务，而且目的是提高交通连接性和减少交通拥堵状况。主要为大型企业和工业区提供交通服务。企业员工可以提前预订，也可以临时预订，这样可控制通勤时间。Swat通过整合分析数据来估算和计划员工的交通，然后设计定制解决方案，帮助员工通过模拟工具作出最明智的交通决策。

Swat还与美国公司巴士服务公司开启“随需而至”、不按固定路线穿行的“动态”巴士服务试验计划计算程序，并进行模拟测试不断调整优化。

二、美国德州—阿灵顿小巴拼车

美国德克萨斯州阿灵顿市（Arlington）的拼车服务软件Via早在2013年

就开创了通过线上下单召唤通勤车，而不是常规公交车模式。Via将在德克萨斯州阿灵顿市（Arlington）取代该地区的一项公交服务，阿灵顿市拥有智能手机的居民将能通过Via软件召唤通勤车（见图12–2）。

Via在市中心投放10辆通勤车，单程票价3美元，如果选择周票则更实惠，只要10美元。Via已取代了已经在阿灵顿市运营了四年的专用巴士车队。

作为首批基于应用软件打造的拼车服务，Via于2013年9月在纽约市首次亮相，后来又将服务延伸到了芝加哥、华盛顿特区以及现在的阿灵顿市，在2018年又获得了2.5亿美元的融资。

Via通过拼车服务，能减少交通项目近1/3的资金投入，随着新技术的发展，利用新技术来进行运力资源调配，可以节约大量的用车成本。

乘客在手机端输入出行目的地，出发时间，拼车软件后台会根据相近的路段和同时间段的出行需求通过算法匹配相近路线和时间的订单，以及结合运力资源进行拼车匹配。

图12–2 美国Via拼车

除了Via，美国的福特也推出了共享小巴方案，项目叫“Chariot”，致力于解决城市交通最后一公里问题的方案（见图12–3）。在纽约提供约60辆14座的小型巴士将沿着固定的路线以4美元每次的价格运输乘客。乘客通过App预订某一时间的座位。在App上，乘客可以对新的路线提供建议，如果有足够多的其他乘客也进行标记，“Chariot”将派遣运输汽车到那里。开放一条新的线路，至少需要50名意愿用户进行申请，App内置的地图将向用户们显示哪些路线正在被大家申请，并邀请用户们也加入这一新兴路线。Chariot共享巴士的方案可以很好增强交通体验。补充杂乱拥挤的交通现状。

图12-3 美国Chariot拼车

“Chariot”在旧金山成立，之后在2016年9月被福特以6500万美元的价格收购，随后登陆奥斯丁、西雅图、伦敦、多伦多、洛杉矶，也是不断在进行城市扩张，推广共享巴士随需出行。

三、中国深圳动态公交优+小巴

拼车的初衷是“共享闲置汽车资源”，然而现实更多的是大部分是专职或兼职网约车司机。目前，网约车市场也鱼龙混杂，而且，现有的拼车形式还不能够充分满足出行需求，如果能够把共享拼车出行和大容量公交结合起来，由营运公司提供按需出行服务，通过智能算法对出行线路进行优化调度，才是更理想的出行方式。

节约社会资源的共享出行（Sharable mobility）、个性化的按需出行（On-demand mobility）、无缝衔接的出行即服务（Mobility as a Service，即MaaS）

是未来互联网出行的发展方向。中国深圳的滴滴优点公司创新一种新公交模式，一种全新的出行方式，面向未来的交通方式—动态公交（见图12–4）。

动态公交没有固定站点和线路，乘客在任何站点均可呼叫公交系统，根据乘客数量、乘客起终点需求、车辆位置、交通状况动态确定接送乘客的最佳顺序和路径，动态公交将公交与拼车相结合，提供比网约拼车运量更大、费用更低的按需出行服务。

动态公交具有三大特点：“共享拼车、智能调度、无缝衔接”，其中共享拼车是手段，智能调度是核心，无缝衔接是目标。在未来，动态公交出行将构成出行板块重要的版图。一方面吸收5公里以内的短途出行，另一方面为中长距离出行提供最后一公里服务。

滴滴优点的优+小巴产品即为首个将常规大容量公交与拼车结合的产品。

图12–4　深圳动态公交优+小巴

优+小巴采用了全新的技术，包括交通需求预测、交通需求汇聚以及动态车辆调度，在优化调度中充分考虑了中国城市的交通特征，在不影响乘客等车时间的基础上，减少绕行里程，提高运行效率。优+小巴是首个将常规大容量公交与拼车结合的产品，并创新性地首次将实时动态线路优化应用于传统公交，用小型车取代平峰期空跑的常规公交，让平峰期出行更加灵活，做到“按需出行，随需而至”。

滴滴优点开创的动态公交模式，不仅在深圳落地推行，在其他城市如宁海、平阳、海宁、潮州、义乌、金华、银川等地也拓展了动态公交合作，其中平阳公交上线3个月以来，用户数就突破10万人次，成为当地的网红公交。未来滴滴优点将继续深耕打磨动态公交产品，向更多城市拓展。

第二节　未来公交发展展望

一、未来公交的发展演进路径与方向

公交现在面临严峻的挑战，主要是公交企业经营成本不断上升，而客流量不断下降，成本与收入的剪刀差不断扩大，导致大中小城市的公交企业都不同程度地陷入经营困境中。公交行业要走出发展困境，至少要按照以下几个路径进行优化与发展：

1.优服务，优票价。在全面评估公交企业各项成本要素基础上，按照“优质优价”原则，分类、分地区优化公交票价，并据此建立常态化的公交票价优化与财政补贴机制。

2.智能化再造。公交企业必须与物联网、互联网等智能化技术深度融合，构建一体化的营运服务智能化体系，通过流程再造，服务优化，打造标准化规范化的公交营运标准体系，全面提升公交服务水平。

3.数字公交。在智能化体系构建与覆盖的基础上，依据大数据技术，全面进行公交营运模式创新，将公交营运与大数据技术进行深度融合，全面改造传统公交营运组织模式，打造数字公交平台，为公众提供全新的公交出行体验。

二、新公交，新未来

目前，传统公交困难重重，最主要的表现是全国地面公交客流量持

续下降，出行分担率不断降低。站在未来看未来，只有新公交才能开创新未来。

传统公交企业与公交运营必须主动与互联网深度融合，充分利用互联网、物联网、大数据技术，构建以“公交运营、公交管理、技术体系”三位一体，以智能化、数字化为核心技术的数字公交平台。数字公交平台将具有对内赋能、对外提质、企业增效的能力。

数字公交平台以大数据平台技术为核心，在企业内获取营运、安全、维保、服务等业务系统结构化和非结构化数据，对各项业务进行数据分析和诊断，形成持续优化改善公交企业核心营运能力。面对公交乘客通过搜集出行需求，依据数据分析，对公交行业开展基于需求响应式的基本规则打造新公交服务：

1.预约公交，改造提升传统“三定公交”。将传统“定线、定点和定时”三定公交模式与移动互联网深度融合，将“三定公交”改造提升为“预约公交”，首先将三定公交的线路、站点与时间等公交核心信息，通过手机App精准触达公交乘客，公交乘客使用手机App提交未来不同时间段的公交出行需求，乘客需求包括出发站点、目的地站点以及未来一天和一周时间内的出行计划并在乘坐线路上予以提交，基于预约的方式，开展定线、定时和优化停靠站点的新公交服务，提高公交运行速度与效率。

2.定制公交，实现“点对点”公交服务。出行服务已经从原来“走得了”向“走得好”全面转变，“点到点”的出行方式是公交模式下“走得好”的首选路径。通过搜集出行需求而规划定制公交线路或者通过发起定制拼团而生成定制公交线路，高度契合公交乘客的出行OD，实现公交车辆高效运行与有效停靠，载客量、线路、时间与服务品质的最优匹配，打造高品质的公交服务。

3.动态公交，打造“预约出行、随需而至”高品质公交。在没有能够形成明显客流走廊或区域人口密度较低（低于10000人/平方公里）的区域，应该利用移动互联网与大数据技术，大力发展动态公交：在营运区域内，只设立公交站点，没有公交线路，通过移动互联网收集公众的出行请求，然后按照一定的规则，为乘客安排车辆与路线，将乘客送到目的地。动态公交的服务产品，在尽量满足公众出行需求的前提下，通过新技术，实现了公交资源集约化、共享化和最优化，通过动态公交方式达到近似私家车出行的乘车体验，进一步提升公交行业的吸引力和竞争力，真正打造高品质的公交服务。

传统“三定公交”业务形态将在数字化技术推动下实现包括“公交企业管理、公交技术装备与公交业务模式”的全面数字化转型，实现数字化公交目标。未来很有可能的新公交格局将是预约公交、定制公交和动态公交按照40%、30%、30%的比例在各个地区组成混合式、柔性化的多元公交服务体系，通过三种新公交模式打造全新的高品质公交服务。

参考文献

［1］建设部. 建设部关于优先发展城市公共交通的意见［Z］. 2004

［2］Schrimpf G.，Schneider J.J.，Stamm-Wilbrandt H.，Dueck G.Record Breaking Optimization Results Using the Ruin and Recreate Principle［J］. *Journal of Computational Physics*，2000，159：139-171.

［3］Alonso-Mora J.，Samaranayake S.，Wallar A.，Frazzoli E.，Rus D.On-demand high-capacity ride-sharing via dynamic trip-vehicle assignment［J］. *Proceedings of the National Academy of Sciences of the United States of America*，2017，114（3）：462-467.

［4］［英］维克托·迈尔·舍恩伯格，［英］肯尼思·库克耶.大数据时代［M］.周涛，译.杭州：浙江人民出版社，2012.